생각이 자라는 말과 글 1 ■ 어휘력

글쓴이 **박남일**

우리의 말과 글, 역사 지식을 키워주는 글을 쓰고 있습니다. 말과 글은 우리 생활에 꼭 필요한 공기와도 같다고 생각해서 깨끗한 공기를 위해 나무를 심듯 우리의 말과 글을 지키는 글을 쓰느라 기쁘게 땀방울을 흘리고 있습니다. 교육방송(EBS)에 '우리말 지킴이'로 소개되었고, 우리말 관련 칼럼도 쓰고 있습니다.
지은 책으로는 《좋은 문장을 쓰기 위한 우리말 풀이 사전》, 《끼리끼리 재미있는 우리말 사전, 뜨고 지고!》, 《외솔 최현배의 한글사랑 이야기》 등이 있습니다.

그린이 **이창섭·윤이나**

지리산이 보이는 함양 시골집에서 풀과 곤충, 나무와 새, 하늘과 구름, 황토와 꿀벌을 보면서 자연에서 얻을 수 있는 예쁜 색과 멋진 그림을 찾고 있습니다. 재미있는 그림을 그릴 수 있다면 언제, 어디로든 출동합니다. 지금은 잠시 도시 생활을 연구 중입니다.
그린 책으로는 《초등 지리 생생 교과서》, 《논리를 찾아라!》, 《똑똑한 만화 교과서 명심보감》, 《앗! 과학 탐정이 나타났다》 등이 있습니다.

생각이 자라는 말과 글 1 ■ 어휘력

익은말? 익은말!

박남일 글 | 이창섭·윤이나 그림

1판 4쇄 발행일 | 2014년 12월 1일
펴낸곳 녹색지팡이&프레스(주) | 펴낸이 강경태
편집 한수화, 민점호 | 디자인 박성준, 이의정, 김지은
등록번호 제16-3459호 | 주소 서울시 강남구 언주로 703 (우)135-818
전화 (02) 2192-2200 | 팩스 (02) 2192-2399
Text Copyright ⓒ 박남일
이 책의 출판권은 저작권자와 독점 계약한 녹색지팡이&프레스에 있습니다.
저작권법에 의해 보호를 받는 저작물이므로 무단 전재와 무단 복제를 금합니다.

ISBN 978-89-94780-25-2 73170

생각이 자라는 말과 글 1 ■ 어휘력

익은말?
익은말!

박남일 글 | 이창섭·윤이나 그림

녹색지팡이

차례

: 생활 도구에 얽힌 익은말

- 10 시치미 떼다
- 12 심금을 울리다
- 14 공수표 남발하다
- 16 오지랖이 넓다
- 18 입추의 여지가 없다
- 21 산통을 깨다
- 24 인구에 회자되다
- 26 박차를 가하다
- 28 두문불출하다
- 30 베일에 가리다
- 32 당근과 채찍
- 34 교편을 잡다
- 36 변죽을 울리다
- 38 전철을 밟다
- 40 청사진을 그리다
- 42 요람에서 무덤까지

: 자연에서 유래된 익은말

- 46 게걸음 치다
- 48 악어의 눈물
- 50 다크호스
- 52 가자미눈을 뜨다
- 54 빙산의 일각
- 56 봉을 잡다
- 59 약방에 감초

62	입에 가시가 돋다
64	앙금이 쌓이다
66	레임덕
68	태풍의 눈
70	내 코가 석 자
72	꼬투리 잡다
74	나비 효과
76	하룻강아지
78	파문을 일으키다
80	계륵
82	꼬리 치다

: 신화와 전통 문화를 배우는 익은말

86	아킬레스건
89	트로이의 목마
92	이판사판이다
94	손 없는 날
96	미궁에 빠지다
98	걸신들리다
100	야단법석이다
102	미다스의 손
104	시시포스의 바위
106	이카로스의 날개
108	야누스의 얼굴
110	희생양
112	판도라의 상자

: 한국사 지식이 쌓이는 익은말

- 116 거덜 나다
- 118 목구멍이 포도청
- 120 삼천포로 빠지다
- 122 함흥차사
- 124 떼어 놓은 당상
- 126 삼수갑산
- 128 엿장수 마음이다
- 130 억장이 무너지다
- 132 경을 치다
- 134 물꼬를 트다
- 136 어처구니없다
- 138 을씨년스럽다
- 140 안성맞춤이다

: 세계사 지식을 넓히는 익은말

- 144 유토피아
- 146 마녀사냥
- 148 지킬 박사와 하이드
- 150 머피의 법칙
- 152 들러리 서다
- 154 월계관을 쓰다
- 156 삼십육계 줄행랑
- 158 배수진을 치다
- 160 마지노선

162 냉전
164 개가를 올리다
166 단두대의 이슬로 사라지다
168 면죄부를 주다
170 장사진을 이루다
172 아성을 무너뜨리다
174 루비콘 강을 건너다
176 제로섬 게임
178 철의 장막
180 교두보를 마련하다
182 유레카

: 그 밖에 자주 쓰는 익은말

발목을 잡히다
파김치가 되다
녹초가 되다
미역국 먹다
코가 땅에 닿다
풀이 죽다
뜸을 들이다
입이 짧다
눈에 콩깍지가 씌다
귓전으로 듣다
딴죽을 걸다
국수를 먹다
깨가 쏟아지다
말짱 도루묵

낙동강 오리 알
감쪽같다
쪽박을 차다
큰코다치다
초를 치다
퇴짜를 놓다
못을 박다
덜미를 잡히다
바가지 쓰다
바가지를 긁다
입에 침이 마르다
괴발개발이다
바람맞다
딴전 피우다

아양을 떨다
꿩 대신 닭
오리발 내밀다
김칫국 마시다
닭살이 돋다
맞장구치다
꿀 먹은 벙어리
콧방귀를 뀌다
허리띠를 졸라매다
땅 짚고 헤엄치기
식은 죽 먹기

생활 도구에 얽힌 익은말

시치미 떼다 | 심금을 울리다 | 공수표 남발하다 | 오지랖이 넓다 | 입추의 여지가 없다 | 산통을 깨다 | 인구에 회자되다 | 박차를 가하다 | 두문불출하다 | 베일에 가리다 | 당근과 채찍 | 교편을 잡다 | 변죽을 울리다 | 전철을 밟다 | 청사진을 그리다 | 요람에서 무덤까지

시치미 떼다

선생님이 숙제 안 한 사람은 일어나라고 했다. 난 깜박 잊고 숙제를 못 했지만 시치미를 뚝 떼고 앉아 있었다.

우리나라는 삼국 시대부터 매를 이용해 사냥을 했습니다. 고려 시대에도 왕족이나 귀족들 사이에 매 사냥이 유행했지요.

야생 매를 잡아서 사냥매로 길들이는 일은 무척 힘들었습니다. 매 사냥이 인기를 끌다 보니 길들인 사냥매를 도둑맞는 경우도 더러 생겼지요. 그래서 사람들은 쇠뿔을 얇게 깎아서 이름표를 만들어 자기 매의 꽁지에 달았는데, 이것을 평안도 말로 '시치미'라고 했습니다.

시치미를 붙였다고 매 도둑이 사라지지는 않았습니다. 남의 매를

붙잡아 시치미를 떼고 자기 매인 척하는 사람들이 있었거든요.

그때부터 어떤 일을 하고도 하지 않은 체하거나, 알고도 모르는 체할 때 '시치미 떼다'라고 말하게 되었습니다.

한편, '시치미 떼다'는 말이 바느질의 한 과정인 시침질에서 유래했다는 주장도 있습니다. 본바느질을 하기 전에 바느질 자리를 고정하기 위해 임시로 듬성듬성 꿰매는 것을 시침, 또는 시침질이라고 합니다. 그럴 때 쓰는 실을 시침실 또는 시치미라고 하는데, 본바느질을 마치면 시침실은 흔적이 남지 않도록 뜯었습니다. 거기에서 '시치미 떼다'라는 말이 생겨났다는 것이지요.

두 가지 유래 중 어느 쪽이 맞는지는 더 연구해야 한답니다.

보라매는 매 이름일까?

사람들은 오래전부터 매를 길들여 꿩 사냥에 이용했습니다.
사냥매는 보라매, 산지니, 수지니, 해동청 등의 다양한 이름으로 불렸습니다. 문헌에 따라 조금씩 다르긴 하지만 《오주연문장전산고》라는 조선 시대의 백과 사전에 따르면, 그 해에 태어난 새끼를 길들인 매를 보라매, 산에서 야생으로 자라던 것을 잡아 길들인 매는 산지니라 했습니다. 그리고 사람의 손으로 길들인 매는 수지니라 했는데, 그 중 흰 매는 송골, 청색 매는 해동청이라 했습니다.
고려 말, 몽골 침략기에는 사냥매를 공물로 바치기도 했습니다. 몽골 침략자들은 특히 '해동청'이라는 사냥매를 좋아했다고 합니다. 그래서 고려 조정에서는 '응방'이라는 관청을 두어, 공물로 보낼 매를 길렀다고 합니다.

심금을 울리다

아빠와 함께 '작은 음악회'에 다녀왔다. 몸이 불편한 장애우들이 펼친 공연은 우리의 심금을 울렸다.

심금(心琴)은 '마음속에 든 거문고'라는 뜻입니다. 커다란 악기인 거문고가 마음속에 들어 있다니, 그게 무슨 말일까요?

불교 경전에 이런 이야기가 나옵니다.

부처님 제자 가운데 '소나'라는 사람이 있었습니다. 소나는 깨달음을 얻기 위해 스스로 몸을 괴롭히는 고행을 했습니다. 하지만 아무리 수행해도 깨달음에 이를 수가 없었지요. 소나는 지쳐 갔습니다. 이를 본 부처님이 거문고를 비유로 들어 가르침을 줍니다.

"거문고의 줄은 지나치게 팽팽하지도, 너무 늘어지지도 않아야 고운 소리가 난다. 수행도 너무 강하면 들뜨게 되고, 너무 느슨하면

게을러진다. 수행은 몸과 마음이 서로 잘 어울리도록 적절하게 해야 좋은 결과를 얻을 수 있느니라."

거문고가 고운 소리를 내려면 줄이 너무 팽팽하거나 늘어지지 않아야 하듯, 수행도 그렇게 해야 한다는 이야기였지요. 부처님의 이 거문고 비유에서 '심금'이라는 말이 사람들에게 널리 쓰이게 되었습니다.

아름다운 음악을 듣거나 좋은 영화를 볼 때 마음이 찡한 느낌이 들 정도로 감동을 받을 때가 있습니다. 마치 거문고 타는 소리가 길게 울려 퍼지듯, 마음속에 감동의 물결이 이는 것이지요.

이렇게 어떤 사람의 행동이나 예술 작품 따위가 사람의 마음을 찡하게 울릴 때 '심금을 울리다' 라고 합니다.

거문고는 6줄, 가야금은 12줄!

▲ 거문고

▲ 가야금

거문고와 가야금은 생김새가 비슷합니다. 하지만 확실히 구별되는 점이 몇 가지 있는데, 가장 눈에 띄는 차이는 줄의 개수입니다.
거문고는 줄이 여섯 가닥이고, 가야금은 열두 가닥입니다. 또 거문고는 주로 술대라는 대나무로 만든 채를 써서 연주하고, 가야금은 보통 손가락으로 줄을 뜯어서 연주를 합니다. 그래서 '거문고를 켜다', '가야금을 뜯다' 라고 말하지요.

공수표 남발하다

이번 선거에도 많은 후보들이 지키지도 못할 공약을 공수표 남발하듯 마구 쏟아내고 있습니다.

아빠가 주머니에서 복권 한 장을 꺼내며 엄마에게 말합니다.

"여보, 이 복권이 당첨되면 수영장이 딸린 집이랑 근사한 차랑 또 비싼 가방까지 당신이 원하는 대로 다 사 줄게요."

하지만 엄마는 시큰둥하게 대꾸하지요.

"공수표 남발하지 마세요."

수표는 많은 액수의 돈을 주고받기 쉽도록 발행한 종이입니다. 예를 들어 'A'가 'B'에게 큰 돈을 주어야 하는 경우, A는 먼저 은행에 돈을 맡겨 놓습니다. 그리고 그 액수 이내에서 수표를 발행해 B에게 건네지요. 그러면 B는 그 수표를 가지고 은행에 가서 수표에 적힌 액수만큼 돈을 지급받습니다. 수표는 큰 액수의 돈을 불안하게 들고 다니지 않고 종이 한 장으로 편리하게 거래를 할 수 있는 수단입니다.

'공수표'는 은행에 거래

가 없거나, 거래가 정지된 사람이 발행한 수표를 뜻합니다. 또는 은행에 남아 있는 돈이 없어서 현금을 지급받을 수 없는 수표를 말합니다. 정확하게 말하면 '부도 수표'라고 불러야 하지요. 여기에서 공수표는 지킬 수 없는 약속, 빈말, 허풍을 빗대는 말로 쓰이게 되었습니다.

선거 때가 되면 후보가 지키지도 못할 공약을 남발하는 것을 흔히 볼 수 있지요. 이처럼 공수표를 함부로 발행하듯 실천할 수 없는 말이나 행동을 자꾸 하는 것을 '공수표 남발하다'라고 합니다.

백지 수표가 뭐지?

국어사전에는 백지 수표란 '수표 요건의 일부나 전부를 나중에 소지인이 보충해 기입하도록 백지인 채로 발행한 수표'라고 설명하고 있습니다. 한마디로 백지 수표는 수표를 가진 사람이 원하는 금액을 적어 은행에서 그 액수만큼 현금을 받는 것이지요.

백지 수표에 어떤 액수를 적더라도 그만큼의 돈을 받을 수 있을까요? 그렇지는 않습니다. 아무리 백지 수표라도 그것을 발행한 사람의 계좌에 들어 있는 금액 안에서만 돈을 받을 수 있습니다. 그러니 백지 수표도 공수표가 될 수 있는 것이지요.

오지랖이 넓다

그렇게 오지랖이 넓어서 남의 일에 이것저것 참견하다가 네 공부는 언제 할래?

기쁨이 친구 보람이는 다른 사람 일에 간섭하기를 좋아합니다. 오늘도 보람이는 기쁨이를 보자마자 말을 건넵니다.

"피곤해 보인다. 어제 늦게 잔 모양이네. 뭐 하느라고?"

그때 옆 반 아이가 혼자 책상을 들고 가자 보람이가 도와주겠다며 나섭니다.

"같이 들자. 이거 새 책상인데? 누구 전학 왔어?"

그때 담임 선생님이 지나가다가 말합니다.

"보람이는 오지랖이 참 넓구나."

보람이는 눈을 말똥말똥 뜨고 선생님에게 묻지요.

"선생님, 오지랖이 뭐예요?"

선생님은 보람이를 보며 빙그레 웃더니 설명해 줍니다.

오지랖은 윗도리에 입는 겉옷의 앞자락을 말합니다. 따라서 '오지랖이 넓다'는 말을 곧이곧대로 풀면 '겉옷의 앞자락이 넓다'는 말입니다. 옷의 앞자락이 넓어 가슴 부위를 넓게 감싸고 있다는 뜻이지요. 그런데 이 말은 그다지 좋지 않은 뜻으로 쓰입니다.

'오지랖이 넓다'는 지나치게 아무 일에 참견하거나 염치없이 행동하는 사람에게 하는 말입니다.

오지랖이 넓은 것이 꼭 나쁘지만은 않습니다. 남을 배려하고 감싸는 마음의 폭이 넓다는 뜻이기도 하니까요. 다만 그것이 지나치면 다른 사람이 불쾌해하거나 귀찮아 할 수도 있겠지요.

옷깃, 옷섶, 옷자락은 어떻게 다를까?

'옷깃'은 저고리나 두루마기에서 목에 둘러대어 앞에서 여밀 수 있도록 된 부분을 말합니다. 양복 윗옷에서 목 둘레에 길게 접혀 있는 부분도 옷깃입니다. 외국말로는 흔히 '칼라'라고 하지요.

'옷섶'은 옷깃 아래쪽 부분을 말합니다. 옷섶에는 보통 옷고름이 달려 있지요. 한마디로 옷섶은 옷깃을 여미기 위해 손을 대는 부분입니다.

한편 옷섶 아래로 길게 드리운 부분을 통틀어 '옷자락'이라고 합니다. '오지랖이 넓다'에서 오지랖은 바로 이 옷자락에서 비롯된 말입니다.

입추의 여지가 없다

▎전철 안은 출근하는 사람들로 입추의 여지가 없었다.

어떤 곳에 사람들이 빽빽하게 가득 들어차 있을 때 흔히 '입추의 여지가 없다'고 합니다. 송곳조차 세울 틈이 없다는 뜻이지요.

이 말은 중국의 역사책 《사기》에 나오는 '입추지지(立錐之地)'라는 말에서 비롯되었습니다. 《사기》의 〈골계열전〉 편에 이런 이야기가 나옵니다. 중국 초나라 때 우맹이라는 악사가 있었습니다. 우맹은 매우 현명하고 재주 많은 사람이었지요. 당시 재상이던 손숙오는 우맹의 현명함을 높이 샀습니다. 재상 손숙오는 왕을 도와 정치를 잘했지만 청렴결백한 성품 때문에 별다른 재산이 없었습니다. 그런 손숙오가 큰 병에

걸려 죽게 되자 아들에게 유언을 합니다.

"내가 죽으면 집안이 몹시 가난해질 것이다. 그러면 우맹을 찾아서 '제가 손숙오의 아들입니다.'라고 말하여라."

손숙오가 죽고 난 뒤, 왕은 그가 세운 공을 까맣게 잊어버리고 가족들에게 어떤 배려도 해 주지 않았습니다. 손숙오의 아들은 땔감 장사로 겨우 입에 풀칠을 하며 살았지요.

그러던 어느 날 손숙오의 아들이 길거리에서 우연히 우맹을 만나 아버지의 유언을 전합니다. 그 뒤부터 우맹은 손숙오의 옷을 입고, 말투와 몸짓도 똑같이 흉내 내고 다닙니다. 그렇게 한 해가 지나자 모두 손숙오가 살아 있는 것으로 착각을 할 정도였지요.

어느 날 궁중에서 잔치가 벌어졌습니다. 손숙오로 꾸민 우맹도 그 자리에 가서 왕의 장수를 빌었습니다. 왕은 손숙오가 다시 살아온 듯 여기며 우맹을 반겼습니다. 그리고 현명한 우맹에게 재상 자리를 내리려고 하지요. 하지만 우맹은 아내와 의논해 보겠다고 답변을 미루다가 사흘 뒤에 왕을 만나 이렇게 말합니다.

"아내가 말하기를, 초나라의 재상은 할 자리가 아니라고 했습니다. 일찍이 손숙오는 충성스럽고 청렴결백하게 나라를 다스렸지만 세상을 떠나고 나니 그 아들은 송곳을 꽂을 만한 땅도 없어 땔감 장사로 생계를 잇고 있다고 합니다. 만약 손숙오 대감처럼 된다면 차라리 죽는 편이 나을 것이라 했습니다."

왕은 비로소 손숙오의 아들을 불러 많은 땅을 주면서 위로하고 아

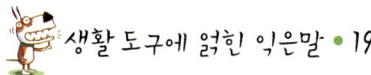

버지의 제사를 모시게 했다고 합니다.

　이 이야기에서 우맹이 말한 '송곳을 꽂을 만한 땅'이 바로 '입추지지'입니다. 한자 쓰기를 좋아하는 사람들이 이 말을 끌어다 자꾸 쓰다 보니 '입추의 여지가 없다'는 익은말이 나오게 되었습니다.

'입추의 여지가 없다' 대신 쓸 수 있는 말은?

'입추의 여지가 없다'에서 '입추(立錐)'를 가을이 시작되는 절기인 '입추(立秋)'로 알고 있는 사람들도 있습니다. 하지만 두 말 사이에는 아무 관계가 없지요. 우리말보다 한자를 즐겨 쓰다 보니 이런 혼란이 생긴 것입니다.
'입추의 여지가 없다'보다는 '발 디딜 틈이 없다'고 쓰는 것이 자연스럽겠지요. '벼룩 꿇어앉을 땅도 없다'는 재미있는 속담을 살려 써도 좋겠습니다.
'입추의 여지가 없다'는 말이 우리나라에서 쓰이기 시작한 것은 고려 시대 말이라는 주장도 있습니다. 당시 권문세족이 온갖 편법으로 많은 땅을 차지하는 바람에 정작 농민들은 송곳을 꽂을 만한 땅도 없다는 데서 비롯되었다는 주장입니다.

산통을 깨다

아빠와 동생과 함께 엄마의 깜짝 생일 파티를 준비하고 있었는데, 동생이 엄마한테 파티 계획을 말하는 바람에 산통을 깨고 말았다.

어떤 중요한 일이 거의 다 이루어지려고 하는데, 누군가 나타나서 그 일을 방해할 때 "산통 깨지 마!"라고 합니다. 산통이 뭔데 깨지 말라고 하는 것일까요?

옛날 사람들은 목돈을 마련하려고 여러 사람이 모여 계를 조직했습니다. 계를 이루는 계원들이 정해진 날짜에 일정 금액을 내면, 그중 한 사람이 모인 돈 전부를 가져가는 것이지요. 그리고 계원들이 차례대로 돌아가면서 곗돈을 받았습니다.

곗돈을 받는 차례를 정하는 일은 여간 신경 쓰이는 게 아니었습니다. 서로 다투는 일도 종종 있었지요. 그래서 공평하게 추첨해 순서를 정하기로 했습니다.

먼저 주사위 모양의 나뭇조각을 계원 수만큼 만들어 번호나 이름을 써 넣는데, 이것을 '계알'이라 합니다. 계알을 둥근 통 안에 넣고 흔든 다음 하나씩 꺼내어 순서를 정합니다. 이때 계알을 넣고 흔드는 통을 '산통'이라 하고, 이렇게 이뤄지는 계를 '산통계'라 했습니다.

산통계는 계원이 모두 한 번씩 돌아가며 곗돈을 타야 끝이 납니다. 하지만 중간에 계 모임이 깨지는 경우도 허다했지요. 곗돈을 누군가

들고 도망쳐 버리는 일도 있었을 것이고, 계원들끼리 서로 다투어 멀어지기도 했기 때문입니다.

'산통을 깨다'는 말은 이처럼 계원 누군가 어떤 이유로든 산통계를 깨 버리는 데서 나왔다는 설이 있습니다. '산통계를 깨다'가 줄어서 '산통을 깨다'가 되었다는 것이지요.

'산통을 깨다'가 '산통점'에서 나왔다는 주장도 있습니다. 산통점이란 점괘가 새겨진 기다란 막대기 몇 개를 통에 넣고 흔들어서 괘를 뽑아 치는 점을 말하는데, 이때 막대기를 넣고 흔드는 통을 '산통'이라고 불렀습니다.

그런데 성질이 고약한 손님 중에 점괘가 좋지 않게 나오면 산통을 빼앗아 던져서 깨 버리는 일도 더러 있었던 모양입니다. 아예 점을 못 치게 만들려고 말이지요.

오늘날에는 잘되어 가는 일을 그르치게 할 때 '산통을 깨다'라고 합니다.

계는 삼한 시대부터 있었다!

계는 우리나라의 전통적인 협동 조직으로, 여러 사람이 모여 경제적인 도움을 주고받거나 친목을 도모하기 위해 만들었습니다. 아주 오랜 옛날인 삼한 시대부터 계 모임이 있었다고 합니다.

가장 흔한 계로는 낙찰계, 상포계, 친목계 따위가 있습니다. 낙찰계는 금전적 이익을 보기 위한 계이고, 상포계는 집안에 상(喪)을 당해 장례를 치를 때 서로 돕기 위한 계입니다. 또 친목계는 친지나 친구들처럼 서로 친하게 지내고 싶은 사람들끼리 만든 계이지요.

한편, '계 타고 집 판다'는 속담이 있습니다. 곗돈을 탔다고 마구 쓰다가 나중에는 집까지 팔아먹는다는 뜻으로, 운수가 좋아 이익을 보았으나 잘못하면 더 큰 손해를 보게 된다는 것을 경계하는 속담입니다.

인구에 회자되다

이 전투의 영웅담은 수많은 전설이 되어 후세의 인구에 회자되었다.

'회자'의 '회(膾)'는 익히지 않은 쇠고기를 잘게 썰어 갖은 양념을 하여 날로 먹는 음식을 말하고, '자(炙)'는 구운 고기를 뜻합니다. 즉 '회자'라는 말은 고기 음식처럼 사람들 입에 자주 오르내린다는 뜻으로 쓰입니다.

유교 경전인 《맹자》에도 '회자'라는 말이 나옵니다. 공자의 제자인 증석은 고욤을 좋아했습니다. 고욤은 감보다 작고 달면서 약간 떫은 맛이 나는 열매입니다. 고욤나무는 감나무와 비슷하게 생겼습니다. 증석의 아들 증자는 아버지가 죽은 뒤 차마 고욤을 먹지 못했다고 합

니다. 아버지 생각이 났기 때문이지요. 이를 두고 공손추라는 사람이 스승 맹자에게 묻습니다.

"증자는 어찌 회자는 먹으면서 고욤은 먹지 않는 것입니까?"

그러자 맹자가 답합니다.

"회자는 사람들이 함께 좋아하는 것이고, 고욤은 증자의 아비가 홀로 좋아한 음식이기 때문이다."

맹자와 공손추가 말한 회자라는 말은 나중에 '회자인구'라는 말로 바뀌게 됩니다. 중국의 왕정보라는 사람이 〈당척언〉이라는 글에서 '빼어난 시구들이 널리 사람들의 입에 오르내린다'는 뜻으로 회자인구라는 말을 쓰면서부터입니다.

그 뒤부터 회자인구는 훌륭한 시나 문장이 널리 알려져 맛있는 음식처럼 사람들의 입에 오르내리며 칭찬받는다는 뜻으로 쓰입니다. 우리나라에서는 '인구에 회자되다'처럼 표현하며, 널리 사람들의 이야깃거리가 된다는 뜻으로 씁니다.

맹자가 누구지?

맹자는 서기전 372년경에 중국에서 태어난 정치가로, 세상 전체를 바꾸겠다는 큰 꿈을 가지고 있었습니다. 그는 이상적인 정치 형태인 왕도 정치를 주장했지요. '왕도'란 어진 덕으로 천하를 다스리는 것을 말합니다.

하지만 당시 권력자들은 맹자의 말을 귀담아 듣지 않았습니다. 그러자 맹자는 고향에 묻혀 지내며 제자들 교육에 전념했습니다. 나중에 그의 제자들은 스승 맹자의 말을 모아 《맹자》라는 책을 만들었습니다.

박차를 가하다

우리 모두 박차를 가해서 오늘 중으로
보고서 작성을 끝냅시다!

주말에 기쁨이는 아빠와 함께 주말 농장에 가서 호미로 김을 맵니다. 덥기도 하고 허리도 아파서 게으름을 피우다 보니 점심시간이 다 되도록 아직 절반도 매지 못했습니다. 그때 아빠가 말하지요.

"지금부터 박차를 가해서 한 시간 안에 다 매고 맛난 점심을 먹자!"

그러자 기쁨이가 아빠에게 묻습니다.

"박차가 무슨 차예요?"

아빠가 허허 웃으며 대답합니다.

"박차는 말을 탈 때 신는 신발 뒤축에 달린 쇠붙이야. 자동차가 없던 옛날에는 말이 중요한 교통수단이었어. 사람들은 말을 빨리 달리

게 하려고 말의 옆구리를 발로 걷어차기도 했어. 그때 힘을 적게 들이고도 말에게 큰 아픔을 주려고 신발 뒤꿈치에 쇠붙이를 붙였지. 그 쇠붙이를 박차라고 해."

박차는 승마용 신발의 뒤꿈치에 붙이기 좋게 U자 모양으로 되어 있고, 톱니 모양의 작은 바퀴가 달려 있습니다. 말의 옆구리를 살짝만 걷어차도 말이 아픔을 느낄 수 있도록 말이지요.

이처럼 '박차를 가하다'는 달리는 말의 옆구리를 박차로 차서 더 잘 달리게 한다는 뜻으로, 어떤 일이 더 빨리 진행될 수 있게 힘을 더한다는 의미로 쓰이고 있습니다.

박차를 너무 자주, 또는 거칠게 사용하면 말 옆구리에 상처가 납니다. 그래서 승마 초보자는 박차를 사용할 수 없다고 합니다.

말의 등에는 등자, 발에는 편자!

▲ 등자

▲ 편자

'등자'는 말의 안장에 달아 양쪽 옆구리에 늘어뜨려 놓은 고리를 말합니다. 말 위에 올라탈 때는 등자에 발을 끼워서 타기도 하고, 말 위에서 달릴 때는 등자에 발을 끼워 몸의 균형을 잡기도 하지요. 말을 탄 사람의 발판 구실을 하는 것이 등자입니다.

'편자'는 말의 발굽이 빨리 닳지 않도록 발굽 바닥에 덧대는 쇠붙이를 말합니다. 그래서 모양도 말발굽처럼 생겼지요.

등자는 사람을 위한 도구이고, 편자는 말을 위한 도구인 셈입니다.

두문불출하다

삼촌이 실연당한 후 집에서 두문불출하고 있어서, 엄마의 걱정이 이만저만이 아니다.

'두문(杜門)'은 안에서 문을 걸어 잠근다는 뜻이고, '불출(不出)'은 나오지 않는다는 말입니다. 어떤 사람이 집에만 있고 좀처럼 밖으로 나다니지 않을 때 '두문불출하다'라고 합니다. 이 말에는 고려가 멸망하고 조선이 건국되던 당시의 이야기가 들어 있습니다.

고려는 왕 씨들이 대를 이어 다스렸습니다. 하지만 새 나라 조선에서는 이 씨가 임금이 되었지요. 그러자 왕 씨 임금을 섬기던 고려의 신하들은 처지가 참 곤란해졌습니다. 그중에는 새 조정에 나가 계속 나랏일을 보는 사람들도 있었습니다. 하지만 새 왕조를 거부하고 경기도 개풍군 광덕산 기슭에 있는 산동네로 숨어 산나물을 캐어 먹고 사는 신하들도 있었습니다.

이들 때문에 민심이 흔들릴까 봐 걱정이 되었던 태조 이성계는 이들에게 조정에 나와 나랏일을 봐 주기를 여러 번 청했습니다. 하지만 고려 신하들이 나오지 않고 버티자 이성계의 아들 이방원은 산동네로 사람을 보내어, 나오지 않으면 불을 지르겠다고 했습니다.

고려 신하들은 끝내 그곳에서 나오지 않고 버티다가 결국 불에 타 죽고 말았지요. 두 왕조를 섬길 수 없다는 신념을 지키기 위해 목숨을 버린 것입니다. 그 후로 그 동네를 두문동이라 부르게 되었습니다. 문을 걸어 잠그고 나오지 않는다는 뜻에서 생긴 이름이지요.

이렇게 집에만 있고 바깥출입을 하지 않는 것을 '두문불출하다'라고 합니다.

베일에 가리다

시작도 없고 끝도 없는 우주의 신비는
아직도 베일에 가려 있지.

주말 저녁에 기쁨이는 모처럼 텔레비전을 켰습니다. 흉악한 범죄를 저지른 범인을 쫓는 영화가 방영되고 있습니다. 형사 두 명이 심각한 얼굴을 하고 이야기를 나눕니다.

"범인이 아직도 베일에 가려 있어."

"서둘러 베일을 벗겨야겠군."

'베일'은 여자들이 얼굴을 가리거나 장식하기 위해 쓰는 얇은 망사를 말합니다. 여성들이 얼굴에 베일을 쓴 것은 고대 로마 시대부터라고 합니다. 그 후 각 나라의 문화와 종교 풍습에 따라 여성들은 다양한 베일을 썼습니다.

이슬람교 사회의 여성들은 여러 사람들이 있는 곳에서는 '야슈마크'라 하여 겨우 눈만 보이고 얼굴 전체를 가리는 기다란 베일을 씁니다. 또 아라비아나

북아프리카 지역의 여성들은 밖에 나갈 때 금속 실로 수를 놓은 '하이크'라는 베일을 씁니다. 결혼식 때 신부가 쓰는 면사포도 베일의 하나입니다.

베일에 가린 얼굴은 보일 듯 말 듯해서 누구인지 알아보기 어렵습니다. 그래서 '베일에 가리다'는 어떤 일의 실제 모습이 비밀스럽게 가려져 있는 상태를 비유적으로 이르는 말입니다.

남자가 베일을 쓰는 경우는 거의 없습니다. 따라서 베일은 여성 차별의 상징이기도 합니다. 여성은 아무에게나 얼굴을 함부로 보여 주면 안 된다는 뜻이 담겨 있지요.

조선 시대 여성도 베일을 썼다고?

조선 시대 후반에는 여성 차별이 심했습니다. 이른바 '내외법'이라는 것을 만들어 여성들을 집안에만 있게 했지요. 특히 양반 집에서는 주로 여성들이 머무는 안채와 남자들이 머물거나 손님을 맞이하는 곳인 사랑채 사이에 또 하나의 담을 쌓아 '중문'을 만들고, 부녀자들을 그 문 안에서만 생활하게 했습니다. 여성들은 특별한 이유 없이는 중문 밖으로 나갈 수 없었지요. 부득이 밖에 나가야 할 일이 있으면 여성들은 '쓰개치마', '장옷', '너울' 따위를 뒤집어써서 얼굴을 가리도록 했습니다. 그야말로 한국형 베일이었지요.

당근과 채찍

시험 기간이 다가오면 엄마는 당근과 채찍을 번갈아 쓰며 나에게 공부하라고 닦달을 하신다.

시험이 코앞인데 나영이는 공부는 하지 않고 텔레비전만 봅니다.

"너 이번에 평균 90점 못 넘으면 용돈 깎일 줄 알아!"

엄마가 다그치자 곁에 있던 아빠가 부드러운 목소리로 거듭니다.

"나영아, 이번에 90점 넘으면 새 자전거 사 줄게."

엄마는 협박으로, 아빠는 보상으로 꼬드겼습니다. 이럴 때 엄마가 쓴 방법을 흔히 '채찍'이라 하고, 아빠가 쓴 방법을 '당근'이라고 합니다. 두 가지 방법을 통틀어 '당근과 채찍'이라고 하지요.

당근은 달고 맛있는 것을 뜻하고, 채찍은 아프고 두려운 것을 나타냅니다. 세상에 달고 맛있는 게 널려 있는데 왜 하필 당근을 채찍의 반대말로 사용했을까요?

유목 사회에서는 짐을 나를 때 말이나 당나귀를 많이 이용했습니다. 특히 당나귀는 덩치는 작지만 힘이 세서 짐을 부리기에 좋았습니다. 그런데 고집이 무척 세서 사람의 말을 듣지 않을 때가 종종 있었지요. 그럴 때 사람들은 당나귀의 엉덩이를 채찍으로 때리거나 눈앞에 당근을 매달아 놓고 꼬드기며 앞으로 나아가게 했습니다. 말 그대로 '당근과 채찍'을 이용해 당나귀를 부린 것이지요. 그리고 현대로 오면서 이 말이 사람에게도 쓰이게 되었습니다.

'당근과 채찍'은 '더 캐럿 앤드 더 스틱(the carrot and the stick)'이라는 영어 익은말을 우리말로 옮긴 것으로, 어떤 일을 하게 하려고 협박이나 보상 등의 방법을 같이 쓸 때 쓰는 말입니다.

말은 정말 당근을 좋아할까?

말이나 당나귀가 당근을 잘 먹는 것은 사실입니다. 하지만 평상시에는 풀을 뜯어먹거나 여러 가지 곡식으로 만든 사료를 주로 먹습니다. 당근은 간식인 셈이지요. 우리가 밥을 먹고 난 뒤 과일을 먹는 것처럼 말이에요.

교편을 잡다

전 교편을 잡고 있습니다. 하지만 회초리를 들지 않고도 아이들을 잘 가르칠 것입니다.

'서당'이라는 제목으로 널리 알려진 옛 그림이 있습니다. 조선 시대 풍속 화가인 단원 김홍도가 그린 그림인데, 훈장님께 회초리를 맞고 훌쩍이며 우는 아이의 모습이 생생하게 표현되어 있습니다. 옛날부터 회초리는 집이든 학교든 교육을 하는 곳에서는 약방에 감초 같은 물건이었습니다.

학교 선생님들이 수업을 할 때 필요한 사항을 가리키려고 사용하는 가느다란 막대기를 '교편(教鞭)'이라 합니다. 그래서 선생님이 되어 학교에서 아이들을 가르치는 일을 흔히 '교편을 잡다'라고 합니다. 이 교편은 회초리로도 종종 사용되었습니다.

선생님이 학생을 가르칠 때 쓰는 도구는 교편 말고도 교과서도 있고, 공책과 연필도 있습니다. 또 무엇보다도 학생들을 사랑하는 마음이 있겠지요. 그럼에도 회초리를 뜻하는 교편이 가르치는 일의 상징이 된 데에는 어두운 역사가 있습니다.

우리나라는 근대식 학교가 생긴 뒤에도 회초리가 교육 현장에서 사라지지 않았습니다. 오히려 일제 강점기의 나쁜 영향으로 회초리가 몽둥이로 바뀌는 일도 많았지요. 또 '엎드려뻗쳐'나 '토끼뜀', '오리

걸음'처럼 군인들이 받던 훈련과 비슷한 체벌도 많았습니다. 당시 학교에서는 학생을 군인처럼 다루었거든요.

　이처럼 옛날에는 선생님이 '사랑의 매'라고 하면서 학생들의 종아리나 손바닥을 때리며 가르치는 것을 당연하게 여겼습니다. 현재는 학생들의 인권을 위해 체벌하지 말아야 한다는 주장이 점점 커지고 있습니다.

변죽을 울리다

우리 아빠는 워낙 눈치가 빨라서 변죽만 울려도 내 말뜻을 금방 알아차린다니까!

기쁨이는 친구들과 학교에서 돌아오는 길입니다. 바로 앞에 멋진 양복을 입은 아저씨가 걷고 있습니다. 그런데 한쪽 바짓가랑이가 양말 속으로 끼어 들어가 있습니다. 그 모양이 우스워 아이들이 킥킥 웃자 아저씨가 뒤를 돌아보며 말합니다.

"왜 웃는 거니? 내 엉덩이에 뭐라도 묻었어?"

아이들은 웃으며 '아니요!'라고 합창을 합니다.

"그럼 왜 웃는데?"

"바지가 좀…… 킥킥."

"양말이…… 깔깔."

그러자 아저씨가 버럭 화를 냅니다.

"그렇게 변죽만 울리지 말고 핵심을 꼭 집어서 말을 해야지."

깜짝 놀란 기쁨이는 그때서야 바짓가랑이가 양말 속에 끼었다는 사실을 알려 줍니다.

그런데 여기서 아저씨가 말한 '변죽'은 무슨 뜻일까요?

변죽은 보통 그릇이나 과녁 따위의 가장자리를 말합니다. 사물의 가운뎃부분을 뜻하는 복판과 맞서는 말이지요.

'변죽을 울리다'는 그릇이나 악기 따위의 한복판을 치면 너무 큰 소리가 날까 봐 가장자리를 쳐서 복판을 울리게 한다는 뜻입니다. 즉 누구에게 곤란한 말을 할 때, 바로 집어 말하지 않고 둘러 말할 때 쓰는 말입니다. '변죽을 치다'라고 쓰기도 하지요.

'변죽을 울리다'와 '정곡을 찌르다'

변죽을 울리지 않고, 말의 핵심을 꼭 찍어서 말하는 것을 '정곡을 찌르다'라고 합니다. 정곡은 활쏘기에 쓰는 과녁의 한복판을 말합니다. 과녁에 그려진 동그라미의 한가운데 검은 점을 정(正)이라 하고, 그 점 주위의 하얀 바탕을 곡(鵠)이라 하는데, 이 두 말을 더해 정곡(正鵠)이라 하지요.

한편 '정'은 천으로 만든 과녁, '곡'은 가죽으로 만든 과녁을 뜻한다는 주장도 있습니다.

전철을 밟다

교도소로 면회를 온 아들에게 늙은 아버지가 말했습니다.
"너는 절대로 이 아비의 전철을 밟지 마라."

기쁨이가 아빠가 쓴 책을 재미있게 읽고 난 뒤 아빠에게 말합니다.
"저는 아빠의 전철을 밟아 작가가 되고 싶어요."

기쁨이는 아빠가 기뻐하실 거라 기대했는데 아빠의 표정이 시무룩합니다. 기쁨이는 나중에야 그 까닭을 알게 되었습니다. '전철을 밟다'는 것에 부정적인 의미가 있다는 것을요.

오늘날의 도로는 주로 콘크리트나 아스팔트로 덮여 있습니다. 무거운 자동차가 지나가도 웬만해서는 바퀴 자국이 남지 않지요. 그런데 옛날에는 거의 흙길이어서 비가 조금만 와도 질척거리기 일쑤였습니

다. 그 길로 수레가 지나가면 길에 깊은 바퀴 자국이 생깁니다. 한마디로 길이 엉망이 되지요.

앞서 간 수레바퀴 자국을 한자로 '전철(前轍)'이라 합니다. '전철을 밟다'를 곧이곧대로 풀이하면 '앞서 간 수레바퀴 자국을 밟다'는 말입니다. 이 말은 앞서 간 수레가 잘못된 길을 갔다는 뜻을 바탕에 깔고 있습니다. 그래서 '전철을 밟다'는 이전 사람이 남긴 그릇된 일이나 행동의 자취를 따른다는 의미가 됩니다.

기쁨이 말대로라면 작가의 길을 걸어온 아빠의 삶은 실패한 것입니다. 기쁨이는 이렇게 말했어야 하지요.

"저는 아빠의 뒤를 이어 작가가 되고 싶어요."

만약에 누가 잘못된 길을 걸었다면 그 전철을 밟지 말고 '타산지석'이나 '반면교사'로 삼아야겠지요.

'타산지석'과 '반면교사'는 무슨 뜻일까?

타산지석(他山之石)은 다른 산의 나쁜 돌이라도 가져다가 자기 산의 옥돌을 가는 데 쓸 수 있다는 뜻입니다. 남의 잘못된 말이나 행동도 자신의 지식과 인격을 수양하는 데에 도움이 될 수 있다는 말이지요.
반면교사(反面敎師)는 반대의 얼굴을 가진 스승이라는 말로, 아무리 부정적인 것이라도 자세히 살펴보면 나름대로 교훈을 주는 스승의 면이 있다는 뜻입니다.
잘못된 것의 전철을 밟지 않는 것도 현명한 일이지만, 그것을 타산지석이나 반면교사로 삼는 것도 현명한 삶의 자세이겠지요?

청사진을 그리다

미래를 향한 멋진 청사진을 그리는 것도 좋지만,
그것을 실현하기 위해 노력하는 것이 더 중요하지.

기쁨이네 반에서 아이들이 미래의 꿈을 발표합니다. 아이들은 의사, 변호사, 선생님, 외교관 등 저마다 이루고 싶은 꿈을 말합니다. 기쁨이도 제 꿈을 말합니다.

"저는 요리사가 되어 맛있는 음식을 만들고 싶습니다. 나중에는 간단한 음식도 먹고 책도 읽을 수 있는 멋진 북 카페를 열고 싶어요."

그러자 선생님이 고개를 끄덕이며 말합니다.

"기쁨이는 멋진 청사진을 그리고 있구나."

선생님의 칭찬에 기쁨이는 으쓱해졌습니다. 그런데 선생님이 말한 청사진은 무엇일까요?

청사진은 한마디로 설계도 따위를 여러 장 복사하기 위해 쓰는 사진법입니다. 청사진은 1842년 영국에서 개발한 사진 기술로, '철사진법'이라고도 하는데 찍는 방법은 다음과 같습니다.

먼저 반투명지에 설계도를 옮겨 그린 다음 화학 물질을 바른 종이에 그 설계도를 얹어 놓고 빛을 쬐지요. 그 종이를 약품에 담가 현상을 하면 종이 바탕은 푸르게 변하고, 그림이나 글자는 흰색으로 남습니다. 이렇게 해서 푸른 바탕에 흰색 글씨나 그림이 그려진 청사진이 나오게 되지요.

청사진 설계도에는 새 집이나 건축물을 짓는 꿈과 희망이 담겨 있습니다. 그래서 청사진은 미래를 위한 희망적인 계획이나 구상을 빗대는 말이 되었습니다. 즉 '청사진을 그리다'는 희망과 포부를 가지고 미래를 계획하거나 구상하는 것을 뜻합니다.

설계도와 조감도는 어떻게 다를까?

건축물을 세울 때는 반드시 설계도를 먼저 그립니다. 설계도는 건축물의 구조와 치수 등을 그린 도면을 말합니다.
조감도(鳥瞰圖)는 글자 그대로 풀면 '새가 내려다보는 그림'이라는 뜻입니다. 설계도에 따라 완성되었을 경우의 건축물을, 높은 곳에서 내려다본 모습을 그린 것이지요.
한마디로 설계도는 공사나 제작에 참여하는 기술자들을 위한 도면이고, 조감도는 일반 사람들에게 설계도대로 완성되었을 때의 모습을 보여 주기 위한 그림입니다.

요람에서 무덤까지

> 친척 분이 큰 병에 걸려 입원하셨는데, 치료비가 많이 나왔다고 한다. 우리나라도 요람에서 무덤까지 무상 의료가 이루어졌으면 좋겠다.

　1900년대 중반 영국은 전 세계로 군대를 보내 식민지를 건설하고, 그로 인해 풍요로운 나라가 되었습니다. 하지만 나라가 강하다고 해서 그 나라 국민이 모두 잘사는 것은 아닙니다. 당시 영국의 귀족과 자본가들은 점점 부자가 되었지만 대다수 일반 국민은 매우 가난했습니다. 이처럼 사회 양극화가 심해지다 보니 사회가 무척 불안정해지기 시작했습니다.

제2차 세계 대전이 끝나자 영국 노동당 정부는 '요람에서 무덤까지'를 외치며, 전 국민에게 최저 수준의 생활을 보장하는 복지 사회를 만드는 데 힘을 쓰게 됩니다. 모든 사람이 최소한의 의식주를 해결할 수 있도록 해서 인간다운 삶을 살게 하자는 것이었습니다.

그 후 영국에는 무상 의료 제도가 시행되어 국민 누구나 병에 걸리면 돈을 내지 않고 치료를 받을 수 있게 되었습니다. 또 직장을 잃은 사람이나 일을 하지 못하는 노약자도 연금을 받아 생활할 수 있게 되었지요.

요람은 젖먹이를 태우고 흔들어 놀게 하거나 잠재우는 물건입니다. 아기를 눕혀서 흔들 수 있게 만든 작은 침대라 할 수 있지요.

'요람에서 무덤까지'라는 말은 1942년 영국의 유명한 경제학자 베버리지(Beveridge)가 발표한 보고서에서 유래된 말로, '태어나서부터 죽을 때까지'라는 뜻이 담겨 있습니다.

'요람에서 무덤까지'로 일컬어지는 영국의 복지 제도는 다른 여러 나라에서 복지 제도를 만들 때 목표이자 이상이 되었습니다.

'태어나서 죽을 때까지'라고 말하는 것보다 '요람에서 무덤까지'가 더 생생한 느낌이 들지요?

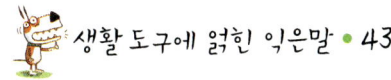

이처럼 말을 하거나 글을 쓸 때, 추상적이고 식상한 표현보다는 구체적이고 참신한 표현을 쓰면 뜻이 더 잘 전달된답니다.

 **베버리지 보고서는 어떤 내용일까?**

영국의 W. H. 베버리지는 1942년에 사회 보험 및 관련 서비스에 관한 보고서를 발표합니다. 베버리지는 실업·질병·노령·사망 등으로 소득이 끊기는 것에 대비해 사회 보장 보험이 마련되어야 한다고 주장했습니다. 나라가 아무리 부유해도 국민 개개인이 가난에 시달리면 문제가 있다는 것이었지요.
이 보고서가 나온 뒤에 사회보장청이 설치되고 '요람에서 무덤까지'라는 구호에 따라 여러 가지 사회 보장 제도가 자리를 잡게 됩니다.
베버리지 보고서는 국민이면 누구나 최저 생활을 보장받을 권리, 즉 생존권을 처음으로 사회 보장에 적용했습니다.
이 보고서는 제2차 세계 대전 후 영국의 사회 보장 제도를 확립하는 데 기초가 되었고, 다른 나라들이 사회 보장 제도를 만드는 데에도 큰 영향을 주었습니다.

자연에서 유래된 익은말

게걸음 치다 | 악어의 눈물 | 다크호스 | 가자미눈을 뜨다 | 빙산의 일각 | 봉을 잡다 | 약방에 감초 | 입에 가시가 돋다 | 앙금이 쌓이다 | 레임덕 | 태풍의 눈 | 내 코가 석 자 | 꼬투리 잡다 | 나비 효과 | 하룻강아지 | 파문을 일으키다 | 계륵 | 꼬리치다

게걸음 치다

축구를 못하는 찬호는 반별 축구 경기를 앞두고 선수로 뽑히지 않으려고 자꾸만 게걸음을 쳤다.

서해안 바닷가에 가면 헤아릴 수 없을 만큼 많은 게들이 개펄 밖으로 나와 있는 광경을 자주 볼 수 있습니다. 이렇게 우리의 삶과 가까이 있어서인지 게에서 비롯된 속담이나 익은말이 많습니다.

게는 다리가 열 개입니다. 집게다리 두 개는 주로 먹이를 잡는 데 쓰고, 나머지 여덟 개 다리로는 걷거나 헤엄을 치지요. 게가 걷는 모습을 보면 꼭 옆으로 걷는 것처럼 보입니다. 그래서 게처럼 옆으로 걷거나 몹시 느리게 걸을 때 '게걸음 치다'라고 합니다. 또 어떤 일을 하는 데 성과나 진척이 없는 상태를 '게걸음 치고 있다'라고 하지요.

게에게는 두 개의 촉각이 작은 뿔처럼 나 있는데, 그 촉각 끝에 눈이 달려 있습니다. 촉각을 곤두세우고 열심히 먹이 사냥을 하던 게들은 비를 몰고 오는 마파람이 불어오면, 촉각을 재빨리 감추고 숨을 곳을 찾습니다. 그래서 '마파람에 게 눈 감추듯'이라는 말이 나왔지요. 많은 음식을 순식간에 뚝딱 먹어치우는 것을 '마파람에 게 눈 감추듯 하다'라고 합니다.

게의 종류는 참 많습니다. 세계적으로 무려 4,500여 종이나 된다고 합니다. 우리나라에는 150여 종의 게가 삽니다. 그런데 지금은 간척 사업과 해안 길 공사 등으로 바닷가 주변이 훼손되면서 게의 종류와 수가 점점 줄어들고 있지요.

게는 왜 거품을 물까?

사람이나 동물은 몹시 괴롭거나 흥분을 할 때 입에서 거품 같은 침이 나옵니다. 큰 소리로 열변을 토하는 사람의 입 주변에 허연 거품이 생길 때가 있는데, 이런 모양을 비아냥거리듯이 말할 때 '입에 게거품을 물고 열변을 토하다'라고 하지요.

'게거품' 대신 '개거품'이라고 쓰는 사람도 있습니다. 아마 더운 여름날, 개들이 혀를 빼물고 침을 흘리는 모습에서 나온 말이겠지요. 하지만 '게거품'이 맞는 표현입니다.

그렇다면 왜 게들은 입에 거품을 물까요? 게들은 물 밖에 있을 때 몸이 딱딱하게 마르기 때문에 물기를 보충해 주려고 입에서 거품을 내뿜는 것이랍니다.

자연에서 유래된 익은말 • 47

악어의 눈물

모피 코트를 입고 애완견을 가슴에 품은 채 동물 보호를 외치는 사람에게서 우리는 악어의 눈물을 볼 수 있지.

서양에는 재미있는 악어의 전설이 전해지고 있습니다. 이집트 나일 강에 사람을 잡아먹는 악어가 살았습니다. 이 악어는 사람을 발견하면 물어서 죽여 놓고, 그 사람의 잘못을 꾸짖은 다음 잡아먹었다고 합니다. 그리고 죽은 사람을 위해 눈물을 흘렸다고 하지요.

《로미오와 줄리엣》으로 유명한 영국의 희곡 작가 셰익스피어는 이 전설을 책에 자주 썼습니다. 《햄릿》, 《오셀로》와 같은 작품에서 위선자의 눈물이나 동정심을 빗대는 장면에 이 전설을 언급하지요. 그 때문에 '악어의 눈물'이라는 말이 전 세계 사람들에게 널리 알려지게 되었습니다.

이처럼 '악어의 눈물'은 악한 사람이 속으

로는 슬퍼하지 않으면서 겉으로만 흘리는 가짜 눈물, 또는 위선적인 행위를 일컫는 말입니다.

이집트의 전설에서 나온 '악어의 논법'이라는 말도 있습니다.

한 여자가 악어에게 아기를 빼앗기자 눈물을 흘리며 아기를 돌려 달라고 악어에게 애원합니다. 그러자 악어가 선심을 쓰듯 이렇게 말했습니다.

"내가 아이를 돌려줄 것인지 아닌지 알아맞히면 돌려주겠소."

여자는 고민에 빠졌습니다. 자신이 어떻게 대답을 하든, 악어가 틀렸다고 하면 그만이니까요. 당황한 여자는 아무 말도 하지 못했습니다. 그러자 악어는 안타깝다는 투로 말합니다.

"음, 나도 마음이 아프지만 아이를 잡아먹어야겠소."

이처럼 어느 한쪽이 마음대로 해석할 수 있는 궤변(이치에 닿지 않는 논변)을 '악어의 논법'이라고 합니다.

 **악어는 왜 먹을 때 눈물을 흘릴까?**

전설 속의 나일 강 악어처럼 악어는 실제로 먹이를 먹을 때 눈물을 흘립니다. 악어가 음식을 먹느라 입을 크게 벌리면 눈물샘이 자극되기 때문입니다. 한마디로 슬퍼서 눈물을 흘리는 게 아니라 먹이를 맛나게 먹다 보니 눈물이 나는 것이지요.

더불어 악어는 짠 바닷물이나 음식물을 통해 섭취한 소금기를 몸 밖으로 내보내기 위해서 평소에도 눈물을 많이 흘리는 편이라고 합니다.

 자연에서 유래된 익은말

다크호스

중국의 양궁 대표팀은 이번 올림픽에서 강력한 다크호스로 주목 받았다. 하지만 예상과 달리 한국에 덜미를 잡히고 말았다.

학기 말 시험을 앞두고 기쁨이는 어느 때보다 열심히 공부합니다. 그런 기쁨이를 눈여겨본 선생님이 말하지요.

"이번 시험에서 기쁨이가 우리 반의 다크호스가 될 것 같구나."

기쁨이는 선생님의 말을 이해하지 못해 고개를 갸웃거렸습니다. 선생님이 말한 '다크호스'는 무슨 뜻일까요?

영어로 다크(dark)는 '어둡다'는 뜻인데, '숨겨진', '비밀스러운'의 뜻도 있습니다. 호스(horse)는 '말'을 뜻하지요. 다크호스는 원래 경

마 전문가들이 쓰던 말입니다. 잘 알려지지는 않았지만 뜻밖의 결과가 기대되는 말을 가리키던 용어였지요.

영국의 정치가이자 소설가인 벤저민 디즈레일리는 1831년에 《더 영 듀크(The Young Duke)》라는 소설에서 사람에게 다크호스라는 말을 씁니다. 그때부터 다크호스라는 말이 널리 알려졌고, 이때부터 말뿐만 아니라 사람에게도 자주 쓰이게 되었습니다.

오늘날 선거에서 잘 알려지지는 않았지만 당선 가능성이 높은 후보를 다크호스라고 합니다. 또 운동 경기에서 아직 잘 알려지지는 않았지만 뜻밖의 좋은 성적을 거둘지도 모르는 선수나 팀도 다크호스라고 하지요. 우리말로는 흔히 '변수', 또는 '복병'이라고 합니다.

올림픽 같은 대회에서 운동 경기를 보다 보면 가끔 다크호스가 나타납니다. 다크호스가 우연히 나타나는 것은 아닙니다. 피나는 노력이 있었기에 기회를 놓치지 않고 다크호스로 떠오를 수 있었던 것이지요.

디즈레일리는 누구일까?

영국의 디즈레일리는 이십대에 《비비안 그레이(Vivian Grey, 1826)》라는 소설을 써서 유명해집니다. 하지만 사업을 벌였다가 실패하자 정치에 발을 들였고, 1837년에 하원 의원에 당선됩니다. 그 뒤 정치를 소재로 한 소설들을 발표해 큰 인기를 누리면서 영국 정치계의 다크호스로 떠오르지요. 디즈레일리는 1868년에 마침내 내각을 이끄는 총리 자리까지 올랐습니다.

가자미눈을 뜨다

오랜만에 내 방 문을 열어 본 엄마는 한참 가자미눈을 뜨더니 "이게 방이냐, 돼지우리냐? 얼른 치워!" 하면서 혼을 내셨다.

산하와 다툰 기쁨이는 화가 풀리지 않는지 틈만 나면 산하에게 눈을 흘깁니다. 수업을 하다 그 모습을 본 선생님이 이렇게 말합니다.

"기쁨이는 왜 가자미눈을 뜨고 있니?"

가자미의 눈이 어떻게 생겼길래 선생님이 이런 말을 했을까요?

가자미는 바다 밑바닥에서 사는 물고기입니다. 몸이 사람 손바닥처럼 납작하게 생겼는데, 한쪽은 거무스름하고 다른 한쪽은 하얗습니

다. 거무스름한 부분을 위로 하고 바다 밑바닥을 헤엄쳐 다니지요.

가자미는 눈이 우스꽝스럽게 생겼습니다. 눈 두 개가 모두 오른쪽에 몰려 있거든요. 가자미를 한자어로 비목어(比目魚)라고 하는데, 눈이 한쪽으로 비껴 있다는 뜻입니다.

가자미가 태어나면서부터 눈이 한쪽에 몰려 있는 건 아닙니다. 알에서 갓 깨어난 새끼 가자미는 다른 물고기처럼 눈이 양쪽에 붙어 있는데, 자라면서 왼쪽 눈이 점점 오른쪽으로 옮겨 갑니다.

사람들은 '가자미가 왼쪽 눈을 얼마나 흘겼으면 아예 눈이 오른쪽으로 옮겨 갔을까'라는 상상을 하게 되었지요. 그래서 사람이 화가 나서 옆으로 흘겨볼 때 '가자미눈을 뜨다'라고 합니다.

예로부터 우리 민족은 가자미를 다양한 요리로 만들어 먹었습니다. 가자미를 이용한 전통 음식 가운데 함경도 지방의 가자미식해가 유명합니다.

'식혜'가 맞을까, '식해'가 맞을까?

'식혜'는 찹쌀을 쪄서 엿기름물을 붓고 삭혀서 만든 전통 음료입니다. '식해'는 생선살을 잘게 썬 것에 소금, 조밥, 고춧가루, 무 등을 넣고 잘 버무려서 삭힌 음식입니다.

그러니 밥알이 동동 뜬 음료는 식혜이고, 생선살에 밥알이 씹히는 반찬은 식해이니 둘 다 맞는 표현이지요. 하지만 식당에 가서 주문할 때는 차림표의 글씨를 잘 보고 주문을 해야겠지요?

빙산의 일각

그가 보여 준 노래 실력은 빙산의 일각일 뿐이다.
그는 더 놀라운 재능을 많이 가지고 있다.

학급 장기 자랑 시간에 정우가 멋지게 기타를 칩니다. 연주가 끝나자 선생님이 칭찬합니다.

"언제 그렇게 기타를 배웠어? 기타 치는 솜씨가 보통이 아니구나!"

그러자 정우는 으쓱하며 자랑을 하지요.

"저는 피아노도 치고 플루트도 불고 웬만한 악기는 다 다루어요."

"그렇다면 지금 보여 준 건 빙산의 일각이었네."

여기서 선생님이 말한 '빙산의 일각'은 무슨 뜻일까요?

지구의 남극 대륙이나 북극권에는 오랫동안 쌓인 눈이 얼음덩어리로 변해 서서히 이동하는 빙하가 있습니다. 그 빙하에서 떨어져 나와 호수나 바다에 떠서 흘러 다니는 커다란 얼음덩어리를 빙산이라고 하지요. 영국의 호화 여객선 타이타닉 호는 1912년에 항해를 하다가 빙산에 부딪혀 침몰되기도 했습니다.

　빙산은 실제 크기의 10분의 1 정도만 물 위로 솟아 있다고 합니다. 얼음은 물보다 밀도가 작기 때문에 물에 가라앉지 않고 뜨게 되지요. 하지만 빙산의 대부분은 물속에 잠겨 있고, 극히 일부만 물 위로 솟아 있습니다. 빙산은 눈에 보이는 것보다 열 배나 큰 셈이지요.

　이처럼 겉으로 드러나 보이는 것이 실제의 극히 일부분에 지나지 않을 때 '빙산의 일각'이라고 합니다. 여기서 '일각(一角)'은 '한 모서리'를 말합니다.

 **빙산이 녹으면 바닷물이 높아질까?**

　얼음이 녹아 물이 되면 그 부피가 얼음 상태의 90퍼센트 정도로 줄어듭니다. 그런데 빙산의 90퍼센트는 이미 바닷물 속에 잠겨 있습니다. 따라서 물 위에 떠 있는 얼음덩어리가 모두 녹는다 해도 수면이 높아지지는 않습니다. 하지만 지구 온난화가 계속되면 물에 떠 있는 빙산만 녹는 게 아니라 육지에 있는 거대한 빙하도 녹을 테고, 그 물이 바다로 흘러들면 바닷물이 높아지겠지요. 그러므로 지구 온난화로 빙산이 녹으면 바닷물이 높아진다는 말은 사실입니다.

봉을 잡'다

마음씨 좋고 공부도 열심히 하는 아이와 짝꿍이 되다니 넌 봉을 잡은 거야.

옛날에 꾀가 많아서 못된 사람들을 마구 골려 주고 다녔다는 김선달이라는 사람이 있었습니다. 실제 있었던 사람은 아니고 이야기 속에 나오는 사람인데, 대동강 물을 제 것인 양 속여 팔았다는 이야기가 널리 알려져 있지요.

김선달이 하루는 장에 갔다가 유난히 몸집이 크고 잘생긴 닭을 보았습니다. 김선달은 주인에게 닭의 값이 얼마냐고 묻자 주인이 김선달을 훑어보며 말합니다.

"저건 닭이 아니라 봉이라오."

'봉'은 '봉황새'를 줄여서 부르는 말로, '봉황'이라고도 합니다.

봉황은 고대 중국의 전설에 나오는 상상의 새입니다. 귀하고 신령스러워 새들의 왕으로 꼽히는데, 평소에는 오동나무 숲에서 신비로운 샘물을 마시고 살다가 세상에 성인이 태어날 때 한 번씩 모습을 드러낸다고 합니다. 물론 아직까지 본 사람은 아무도 없지요.

　주인은 김선달이 어리숙해 보이자 닭을 봉황이라 속이고 원래 닭값보다 몇 배 비싼 값을 불렀습니다. 김선달은 속으로 괘씸한 생각이 들었지만 닭 주인을 곯려 주려고 일부러 속아 주는 척 비싼 값을 주고 그 닭을 샀습니다. 김선달은 그길로 고을 사또에게 달려가 닭을 바치며 이렇게 말했습니다.

"귀한 봉황을 구했기에 사또 나리께 바칩니다!"

사또는 닭을 들고 와서는 봉황이라며 자신을 속이는 김선달을 크게 꾸짖었습니다. 그러자 김선달은 오히려 자신이 닭 장수한테 속았다며 억울해했지요. 자초지종을 들은 사또는 닭장수를 불러들여 호되게 야

자연에서 유래된 익은말 • 57

단치고는 김선달이 치른 닭 값의 몇 배를 물어 주게 했습니다. 그때부터 김선달은 '봉이' 김선달로 불리게 되었고, '봉을 잡다'는 말이 쓰이게 되었다고 합니다.

'봉을 잡다'는 말은 매우 귀하고 훌륭한 사람이나 일을 얻는다는 뜻을 가지고 있습니다.

그런데 어수룩해 무엇을 잘 빼앗기는 사람을 놀리는 말로 '봉'이라고 부르기도 합니다. 자기에게 과도하게 무엇인가 요구할 때 "내가 네 봉이냐?" 하고 말하기도 하지요.

봉황은 어떻게 생겼을까?

봉황은 실제로 존재하지 않는 새입니다. 수컷을 봉, 암컷을 황이라고 하는데, 전하는 이야기나 그림에 따라 생김새가 조금씩 다르게 묘사되어 있습니다.

대체로 봉황은 다섯 가지 색의 화려한 깃털을 가지고 있다고 합니다. 크게 보면 수탉과 비슷하게 생겼지만 몸의 각 부위는 기러기, 용, 물고기, 황새, 원앙새 등 상서롭게 여기는 동물들을 모아 놓은 것처럼 보입니다.

우리나라 속담에 '닭의 새끼 봉이 되랴', '닭이 천이면 봉이 한 마리 있다' 등이 있는데, 여기서 닭이 보통 사람을 나타낸다면 봉은 뛰어난 인물을 가리킵니다.

약방에 감초

어느 자리에나 끼어 분위기를 좋게 하는 경우는 약방에 감초다.

6학년인 솔비는 어떤 친구들과도 잘 어울립니다. 또 다투는 아이들이 있으면 중간에 나서서 화해를 시키고 사이좋게 지내게 합니다. 그래서 친구들은 이렇게 말합니다.

"솔비는 약방에 감초 같아."

솔비는 어렸을 적에 엄마가 외출하면 떼를 써서라도 기어이 따라다니며 귀찮게 했습니다. 그 무렵에 어른들은 솔비에게 이렇게 말했습니다.

"이 녀석은 약방에 감초처럼 꼭 끼는군."

여럿이 모였을 때 솔비처럼 분위기를 즐겁게 이끌어 가는 친구가 있습니다. 그 친구가 없으면 왠지 다들 허전하다는 생각이 들지요. 어디든 꼭 끼어 필요한 구실을 하는 사람을 흔히 '약방에 감초'라고 합니다.

반면 낄 자리, 끼지 말아야 할 자리 가리지 않고 나타나서 분위기를 흐려 놓고 여러 사람의 눈총을 받는 사람도 있지요. 그런 친구 또한 '약방에 감초'라고 합니다.

'약방에 감초'라는 익은말이 앞의 경우에는 좋은 뜻으로, 뒤의 경우에는 좋지 않은 뜻으로 쓰였습니다. 그러면 '약방에 감초'가 도대체 무엇이기에 서로 어긋나는 상황을 자연스럽게 나타내는 말이 되었을까요?

감초는 한약에 들어가는 재료 중 하나입니다. '좋은 약은 입에 쓰다'는 격언이 있듯이 몸에 좋은 한약은 대부분 쓴맛이 납니다. 그래서 한약을 조제할 때는 꼭 '감초(甘草)'라는 약재를 넣습니다.

감초는 말 그대로 '단맛이 나는 풀'입니다. 다 자라면 키가 1미터쯤 되는데, 그 뿌리를 캐내어 약재로 쓰지요. 다른 약재의 쓴맛을 조금이라도 줄이기 위해 바로 이 감초의 뿌리를 넣는 것입니다. 만약 감초를 넣지 않고 한약을 달이면 대부분의 한약은 너무 써서 입에 대기도 힘들 것입니다.

또한 감초는 단맛만 내는 것이 아니라 모든 약을 조화시켜 약의 효과가 더 잘 나도록 하는 역할을 합니다. 그야말로 한약에 꼭 필요한 약초인 것이지요.

이렇게 한약에 꼭 들어가는 감초처럼 어느 곳에서나 꼭 필요한 물건, 또는 어떤 일에나 빠짐없이 끼어드는 사람을 '약방에 감초' 또는 '약방의 감초'라고 부릅니다.

약방의 감초? 약방에 감초?

어떻게 쓰는 말이 맞을까요? 답은 둘 다 맞는 표기입니다. 그러면 어떤 것이 적절한 표현일까요? '-의'는 뒷말을 꾸밀 때, '-에'는 장소 등을 나타낼 때 쓰는 토씨입니다. 문법 용어로 말하자면 '-의'는 관형격 조사이고, '-에'는 처소격 조사입니다. 그렇다면 약방(에/의) 감초는 명사인 감초를 꾸미고 있으니 '약방의 감초'가 적절하다고 봅니다. 그런데 왜 '약방에 감초'를 많이 쓰고, 또 자연스럽게 들리는 것일까요? 이 말이 '약방에 있는 감초'를 줄여 놓은 말처럼 여겨지기 때문입니다.

입에 가시가 돋다

독설가는 입에 가시가 돋은 듯 마구 독설을 내뱉어 남의 마음에 상처를 입히는 사람이다.

아빠는 텔레비전 앞에 앉아 있는 기쁨이에게 잔소리를 합니다.
"텔레비전 그만 보고 책 좀 읽어라. 그러다 입에 가시가 돋겠다."
"입에 가시가 어떻게 돋아요? 그럼 내 입이 고슴도치가 되겠네요?"
기쁨이의 말에 아빠는 어이없다는 듯 허허 웃지요.

'입에 가시가 돋다'는 책을 읽지 않으면 독선에 빠지기 쉬워 남에게 가시 돋친 말을 하게 된다는 뜻입니다. 이 말은 안중근 의사가 남긴 붓글씨 '일일부독서 구중생형극(一日不讀書 口中生荊棘)'에서 나온 말입니다. 곧이곧대로 해석하면 '하루라도 책을 읽지 않으면 입안에서 가시가 돋는다'가 되지요.

안중근은 1879년에 황해도 해주의 유학자 집안에서 태어나 한학을 공부했습니다. 자라면서 개화사상에 눈을 뜨고 천주교를 받아들이지요. 그러던 1905년, 을사조약으로 나라를 일본에 빼앗길 위기에 처하자

1907년에 연해주로 망명해 항일 의병 투쟁을 벌입니다.

1909년 9월, 안중근은 러시아 하얼빈 역에서 조선 침략에 앞장선 일본인 이토 히로부미를 사살합니다. 그 때문에 사형 선고를 받고 뤼순 감옥에 갇히지요. 안중근은 최후를 맞을 때까지 감옥 안에서 붓글씨 200여 점을 썼습니다. 주로 간단한 글귀로 사람들을 감동시키는 문장들이었습니다.

'일일부독서 구중생형극'은 그때 남긴 붓글씨 가운데 가장 널리 알려진 것입니다. 죽음을 눈앞에 두고도 동포에게 날마다 책 읽기를 당부하는 안중근 의사의 절절한 마음이 담겨 있지요. 붓글씨 왼쪽 아랫부분에는 낙관 대신 손바닥 도장이 찍혀 있습니다.

 ### 손가락 마디 하나가 없는 손 도장

 안중근 의사가 서예 작품에 찍어 놓은 손바닥 도장에는 약지 손가락 한 마디가 없습니다. 왜 이럴까요?
만주에서 항일 의병 투쟁을 벌이던 안중근 의사는 1909년 1월에 동지 11명과 함께 목숨을 걸고 독립 운동을 벌일 것을 맹세하면서 왼손 약지 손가락 한 마디를 잘라 굳은 의지를 보여 주었습니다. 그 때문에 나중에 찍은 손바닥 도장에는 손가락 한 마디가 보이지 않게 된 것입니다.

앙금이 쌓이다

저 두 사람은 서로 티격태격해도 마음에 앙금이 쌓이지 않는 사이다.

기쁨이와 산하는 쉬는 시간에 서로 다투었습니다. 수업을 하러 들어오던 선생님이 그 모습을 보고 두 사람을 불렀습니다. 기쁨이와 산하는 선생님께 야단을 맞을까 봐 마음이 조마조마합니다. 선생님은 두 사람에게 서로 사과하고 화해하라고 합니다. 하지만 기쁨이와 산하는 쑥스러워서 선뜻 화해의 손을 내밀지 못하고 망설입니다. 그러자 선생님이 말합니다.

"친한 친구도 가끔 다툴 때가 있지. 그럴 때는 금방 화해를 해야 돼. 그렇지 않으면 서로 마음에 앙금이 쌓이게 돼."

기쁨이와 산하는 어색하게 웃으며 사과를 합니다. 그제서야 두 사람의 표정이 밝아집니다. 그 모습을 본 선생님이 빙그레 웃습니다.

선생님이 말한

앙금은 무엇일까요?

앙금은 물에 잘 녹지 않는 어떤 물질의 가루를 물과 섞어 가만히 두었을 때, 바닥에 생기는 침전물을 말합니다. 녹말처럼 아주 잘고 부드러운 가루가 물에 가라앉아 생기는 층을 말하지요. 여기에서 비롯되어 어떤 사람으로 말미암아 개운치 않은 감정이 마음에 쌓이는 것을 흔히 '앙금이 쌓이다'라고 말합니다.

가족처럼 가까운 사이에도 오랫동안 대화가 없으면 앙금이 생길 수 있습니다. 그렇게 앙금이 계속 쌓이다 보면 사소한 일로도 다투게 되지요. 그러니 나쁜 마음이 생기면 그때그때 대화로 풀어야 합니다.

앙금은 어디에 쓰일까?

곡물을 갈아 물에 가라앉혀 만든 앙금은 여러 음식의 재료로 쓰입니다. 앙금을 이용한 대표적인 식품으로 도토리묵이 있지요.

도토리 열매의 껍질을 벗겨 알맹이를 곱게 갈아서 물을 부어 두면 바닥에 전분이 가라앉습니다. 그러면 윗물을 따라 버리고 가라앉은 전분만 모아서 다시 물을 넣어 끓인 후 차게 식히면 도토리묵이 됩니다.

우리가 즐겨 먹는 떡이나 빵 속에도 앙금이 들어갑니다. 팥이나 호박, 고구마를 갈아서 가라앉힌 앙금을 빵의 속 재료로 쓰지요.

자연에서 유래된 익은말

레임덕

대통령 임기가 1년이나 남았지만 벌써부터 대통령의 레임덕을 걱정하는 목소리가 많다.

우리나라 대통령 제도는 5년 단임제입니다. 임기는 5년이며 평생 한 번만 대통령을 할 수 있다는 뜻이지요. 한 대통령이 오랫동안 권력을 잡지 못하도록 1987년의 개정 헌법에서 못을 박아 놓았습니다.

그런데 이처럼 임기가 한 번으로 끝나다 보니 대통령이 되고 3, 4년쯤 지나면 현재의 대통령을 지지하는 세력이 약해지면서, 대통령이

이끄는 행정에 권위가 잘 서지 않게 됩니다. 이런 경우를 '임기 말 권력 누수 현상', 또는 '레임덕'이라고 합니다.

누수(漏水)는 물이 새는 것을 말하고, 레임덕은 절름거리다는 뜻의 영어 '레임(lame)'과 오리를 뜻하는 '덕(duck)'으로 이루어진 말로 '뒤뚱거리는 오리'를 뜻합니다.

원래 레임덕은 빚만 잔뜩 짊어진 채 제대로 활동하지 못하는 주식 투자가를 이르는 주식 용어였습니다. 미국 남북 전쟁이 일어났을 때부터 이 말을 정치권에서 쓰기 시작했지요.

1860년 11월, 미국 대통령 선거에서 노예 폐지를 선언한 링컨이 당선되어 한 달 뒤부터 새 대통령으로 정치 활동을 하게 될 때였습니다. 노예에 기대어 농장을 경영하던 남부 주들이 미국 연방에서 탈퇴하겠다고 으름장을 놓았습니다. 나라가 통째로 분열되는 상황이 벌어진 것이지요. 하지만 당시 대통령이던 뷰캐넌 대통령은 아무런 조치도 취하지 못했고, 결국 남북 전쟁이 일어나고 말았습니다.

미국인들은 당시 임기 말이던 뷰캐넌 대통령의 처지를 절뚝거리는 오리, 즉 레임덕에 빗대었다고 합니다. 그때부터 레임덕은 대통령 등 공직자가 임기 말에 권위가 잘 서지 않아 지도력을 잃은 현상을 일컫는 말로 쓰이고 있습니다.

태풍의 눈

이번에 새로운 과학 이론을 발표한 그는 과학계를 뒤흔든 태풍의 눈으로 떠올랐다.

쉬는 시간에 아이들이 교실 안에서 이리 뛰고 저리 뛰며 장난을 치고 있습니다. 그런데 기쁨이는 혼자 조용히 책을 읽고 있지요. 그때 교실로 들어온 선생님이 기쁨이에게 다가가 말합니다.

"여긴 태풍의 눈 같네."

태풍은 북태평양 남서쪽 바다에서 생겨나 우리나라와 중국, 일본 등지로 불어오는 엄청나게 센 바람을 말합니다. 대개 큰비를 몰고 오지요. 그런데 태풍은 곧장 직선으로 불어오는 것이 아니라, 엄청나게 큰 동그라미 모양으로 휘돌면서 이동합니다. 마치 커다란 선풍기의 날개가 돌면서 바람을 일으키는 것과 비슷합니다.

그런데 아무리 사나운 태

풍도 그 한가운데는 신기할 만큼 잠잠하고 고요합니다. 돌아가는 선풍기 날개의 중심에서는 바람이 나오지 않는 것처럼 말이지요. 바로 그 부분을 '태풍의 눈'이라고 합니다.

여기서 눈은 사람 얼굴에 있는 눈이 아니라 식물의 씨앗 따위에서 새로 돋아나려는 싹을 가리킵니다. 잎눈, 꽃눈에서 잎이나 꽃이 피어나듯, 어떤 움직임이 시작되는 지점을 가리키지요.

그러나 이동하는 태풍의 눈 안에 든 잠깐 동안의 평화로운 상태가 끝나면 맹렬한 폭풍우가 불어닥칩니다.

오늘날 '태풍의 눈'은 복잡하고 시끄러운 사건이 벌어지고 있는데도 그 영향을 받지 않고 안전하고 조용한 상태를 유지하고 있는 부분을 가리킵니다. 또는 지금 당장은 두드러지게 나타나지 않지만 오래지 않아 큰 영향을 줄 수 있는 사건이나 존재를 가리키기도 합니다.

토네이도는 무엇일까?

▲ 토네이도

토네이도는 바다나 넓은 평지에서 발생하는 매우 강력한 소용돌이로, 주로 미국에서 많이 발생합니다. 중심에서의 풍속이 초속 100미터가 넘고, 땅 위의 물체를 맹렬하게 감아올려 파괴력이 크지요. 우리나라에서는 토네이도를 용오름이라고 부르는데, 이는 소용돌이치는 모습이 하늘로 올라가는 용의 모습과 같다고 해서 붙은 이름입니다.

내 코가 석 자

| 지금은 내 코가 석 자라서 너랑 놀아 줄 겨를이 없어.

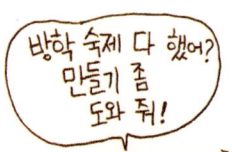

기쁨이는 집에서 어려운 수학 문제를 푸느라 끙끙대고 있습니다. 도무지 문제 푸는 방법을 알 수 없습니다. 그래서 엄마에게 도와달라고 하지요. 청소하랴, 저녁밥 준비하랴 정신없이 바쁜 엄마는 퉁명스럽게 말합니다.

"지금은 내 코가 석 자다. 이따 도와줄게."

그러자 기쁨이는 엄마의 얼굴 가운데 솟아 있는 코를 바라봅니다. 석 자는커녕 3센티미터도 안 되어 보입니다. 그래서 기쁨이는 속으로 생각합니다.

'엄마는 순 허풍쟁이야.'

석 자는 90센티미터쯤 되는 길이입니다. 거짓말 할 때마다 코가 쑥쑥 자란다는 피노키오

가 아닌 이상 사람의 코가 석 자나 될 리 없습니다. 그런데도 엄마가 '내 코가 석 자'라고 말한 것은 무슨 까닭일까요?

그것은 코의 길이가 아니라 콧물을 흘린 길이가 석 자나 된다는 뜻입니다. 즉, 길게 흘러내린 콧물을 급히 닦아야 할 때처럼 자신도 막막하거나 급한 처지에 있어서 남의 어려움을 돌볼 겨를이 없을 때 '내 코가 석 자'라고 합니다.

코는 대개 고집이나 자존심을 상징하는 말로도 쓰입니다. 그래서 잘난 체하고 뽐내는 사람을 '코가 높다', 또는 '콧대가 높다'고 하며, 남의 자만심이나 자존심을 꺾는 것을 '콧대를 꺾다'라고 하지요. 또 몹시 무안을 당해서 기가 눌린 경우에는 '코가 납작해지다'라고 합니다.

코에 걸면 코걸이 귀에 걸면 귀걸이?

우리말에는 코와 관련된 재미있는 속담이 많습니다.
정당한 근거를 밝히지 않고 자기에게 이로운 대로 이유를 붙이는 경우를 '코에 걸면 코걸이 귀에 걸면 귀걸이'라고 합니다. 또 바로 눈앞에서 어떤 일이 벌어져도 알 수 없을 만큼 몹시 캄캄할 때는 '코를 잡아도 모르겠다'라고 합니다. 여기서 코는 눈에서 가장 가까운 곳을 뜻합니다.

꼬투리 잡다

모범생인 누나는 나만 보면 꼬투리를 잡아 잔소리를 한다.
그래도 나는 누나가 좋다. 내 눈에 콩깍지가 씐 걸까?

아무리 훌륭한 사람에게도 단점이 있고, 아무리 완벽한 사람이라도 실수를 할 때가 있지요. 우리는 남의 단점이나 실수를 너그럽게 이해해야 합니다. 하지만 남의 단점과 실수를 일부러 캐내어 꼬치꼬치 물고 늘어지면서 해코지하는 사람이 있습니다. 그럴 때 사사건건 '꼬투리를 잡는다'라고 합니다.

그런데 왜 하필이면 꼬투리를 잡는다고 할까요?

꼬투리는 콩이나 팥 같은 곡식의 낟알을 싸고 있는 껍질을 말합니다. 잘 익은 콩의 꼬투리를 손가락으로 집어 누르거나 살짝 비틀면 꼬투리가 두 쪽으로 벌어지면서, 그 안에 들어 있

던 콩들이 쏟아져 나옵니다. 남의 콩밭에서 꼬투리를 잡으면 해코지를 하는 셈이지요.

이런 특성 때문에 꼬투리는 어떤 일이 생기게 되는 빌미를 뜻하게 되었습니다. 어떤 이야기나 사건을 풀어 줄 실마리를 찾았을 때, '꼬투리를 잡았다'고 합니다. 또한 '꼬투리 잡다'라는 말은 주로 남을 해코지하거나 헐뜯을 만한 빌미를 잡는다는 뜻으로 쓰입니다.

'꼬투리 잡다'와 비슷한 익은말로 '트집을 잡다'가 있습니다. 트집은 작은 흠을 들추어 불평하거나 아이들이 떼를 쓰는 짓을 이르는데, 주로 '트집을 잡다', '트집을 부리다'로 쓰이지요. 이에 비해 '꼬투리를 잡다'는 상대를 헐뜯고자 하는 마음이 좀 더 세게 느껴지는 말입니다.

트집이란 어떤 물건의 조금 벌어진 간격을 이르는 '틈'과, 어떤 것이 생긴 자리나 흔적을 나타내는 말 '-집'이 합해서 생긴 말입니다. '틈+집'이 소리내기 쉽도록 '트집'으로 변한 것이죠.

'콩깍지'와 '콩꼬투리'는 어떻게 다를까?

콩깍지는 콩꼬투리에서 알맹이를 꺼내고 남은 껍질을 말합니다. 꼬투리가 두 쪽으로 벌어져 깍지가 되는 것이지요. 꼬투리를 잘 잡는 사람은 상대방의 나쁜 점만 보는 버릇이 있습니다. 반면 눈에 콩깍지가 씌면 상대방의 좋은 점만 보이지요.

자연에서 유래된 익은말

나비 효과

오늘 야구 경기에서 우리 편 수비수의 작은 실수 하나가 나비 효과를 일으켜 경기 전체를 망치게 되었다.

미국의 기상학자 에드워드 로렌츠는 1963년에 기상 예보와 관련된 이론을 정리하기 위해 컴퓨터로 기상 모의실험을 했습니다. 여러 차례의 실험 끝에 그는 초기의 작은 차이가 나중에 엄청나게 큰 차이를 가져온다는 사실을 발견하고 이렇게 말합니다.

"갈매기의 날갯짓 한 번으로도 날씨를 충분히 변화시킬 수 있다."

지구 이곳저곳에서 일어나는 작은 변화들조차 날씨에 영향을 미치

기 때문에 그만큼 정확한 기상 예보가 어렵다는 것을 하소연한 것이지요.

로렌츠는 처음에 갈매기의 날갯짓으로 이 현상을 설명했지만 나중에 다른 사람이 좀 더 멋스럽게 표현하려고 나비의 날갯짓으로 바꾸었습니다. 그리고 이와 관련된 여러 가지 이야기가 나왔지요.

"브라질에 있는 나비의 날갯짓이 미국에서 엄청난 토네이도를 만들어 낼 수도 있다."

"베이징에 있는 나비의 날갯짓이 뉴욕에 폭풍을 일으킬 수 있다."

그러면서 이 현상은 '나비 효과'라는 말로 불리게 됩니다. 게다가 나중에 카오스 이론이 등장하는 배경이 되기도 하지요.

'나비 효과'는 어떤 일이 시작될 때 나비의 날갯짓처럼 아주 작은 사건이 나중에 폭풍우와 같은 커다란 결과를 가져올 수 있다는 뜻의 익은말로 쓰이고 있습니다.

카오스 이론은 무엇일까?

카오스 이론은 무질서하고 불규칙해 보이는 자연 현상 속에서도 어떤 질서와 규칙이 존재한다는 것입니다. 이 이론은 기상학에서 나온 것으로 불규칙해 보이고 변화무쌍한 기상 현상 속에도 어떤 규칙이 있고, 따라서 미래의 날씨를 예측할 수 있다고 보는 것입니다.

하룻강아지

미술 대회에서 수상한 그림들을 보며 그림에는 자신있다고 큰소리쳤던 내가 하룻강아지에 불과했다는 것을 깨달았다.

기쁨이가 보람이에게 아이스크림 내기 팔씨름을 하자고 합니다. 그러자 보람이가 기쁨이를 가볍게 이긴 뒤 의기양양하게 말합니다.

"하하하, 하룻강아지 범 무서운 줄 모른다더니!"

그러자 기쁨이는 입을 비죽거리며 중얼거립니다.

"하룻강아지라니, 내가 태어난 지 하루밖에 안 되었다는 거야?"

흔히 어떤 사람이 철없이 함부로 덤빌 때 '하룻강아지 범 무서운 줄 모른다'고 합니다. 또 그런 사람을 일러 '범 모르는 하룻강아지'라고도 하지요. 그런데 과연 기쁨이 말대로 '하룻강아지'는 태어난 지 하루 된 강아지를 말하는 것일까요?

하룻강아지는 '하릅강아지'가 바뀐 말입니다. '하릅'이란 태어난 지 일 년이 안 된 개나 말, 소 따위의 가축을 뜻하는 말입니다. 그러니까 하룻강아지는 하루 된 강아지가 아니라 한 살배기 어린 강아지라는 뜻이지요. 태어난 지 얼마 안 되어 세상 무서운 줄 모르고 마구 돌아다니는 강아지를 말하는 것이지요.

그러니까 보람이가 말한 '하룻강아지'는 용감하긴 하지만, 경험이 적어 일에 서투른 사람을 얕잡아 이르는 말입니다.

한편, 하룻강아지만 있는 게 아니라 하룻송아지도 있고, 하룻망아지도 있습니다. '하룻망아지 서울 다녀오듯'이라는 속담이 있습니다. 어린 말이 여유도 없이 그저 달리면서 주변을 건성으로 보는 것처럼, 어떤 일이나 광경을 보고도 그 내용을 제대로 알지 못하는 경우를 일컫는 속담입니다.

여러분도 하룻망아지 서울 다녀오듯 책을 읽어서는 안 되겠지요. 건성으로 책을 읽어서는 그 내용을 제대로 이해할 수 없을 테니까요.

짐승의 나이를 세는 말이 따로 있다고?

사람의 나이는 '한 살, 두 살, 세 살…'이라고 세지요. 그렇다면 짐승의 나이는 어떻게 셀까요?

'하릅, 두습, 세습…'이라고 셉니다. 한 살은 하릅 또는 한습이라 하고, 두 살은 두습 또는 이듭이라고 합니다. 세 살은 세습 또는 사릅이라고도 하고, 네 살은 나릅, 다섯 살은 다습이라 하지요. 여습, 이롭, 여듭, 아습, 담불 모두 짐승의 나이를 세는 말입니다.

파문을 일으키다

인기많은 영우의 갑작스러운 전학은 우리 반에 큰 파문을 일으켰다.

기쁨이는 아빠를 따라 낚시터에 갔습니다. 한나절 동안 낚시질을 했지만 아빠도 기쁨이도 겨우 피라미 몇 마리만 낚았습니다. 심심해진 기쁨이는 작은 돌멩이를 저수지로 던지며 놉니다. 돌멩이가 물속

으로 퐁, 하고 가라앉을 때마다 물결이 동그라미를 그리며 번져 나가는 게 재미있습니다. 그때 아빠가 이렇게 말하지요.

"이제 그만하렴. 그렇게 파문을 일으키면 물고기가 다 달아나 버려."

여기서 '파문'은 물 위에 일어나는 물결을 말합니다. '파(波)'는 물결을 뜻하고, '문(紋)'은 무늬를 뜻하는 한자입니다.

잔잔한 수면에 물결을 일으키듯 세상을 시끌시끌하게 할 만한 일을 했을 때도 우리는 '파문을 일으키다'라고 씁니다. 어떤 일이 다른 데에 영향을 크게 끼쳤을 때 쓰는 표현이지요.

파문은 주위에 계속 영향을 미쳐 널리 퍼져 나가는 성질이 있습니다. 그래서 '파문이 확산되다'라는 말을 자주 씁니다. 하나의 물결이 잇달아 많은 물결을 일으키듯, 한 사건이 잇따라 다른 사건으로 번져 나가는 경우도 있습니다. 이럴 때는 '일파만파'라고 합니다.

한편, 여러 사람의 눈살을 찌푸리게 하는 일로 세상을 시끄럽게 할 때 흔히 '스캔들을 일으키다'라고 합니다. 스캔들은 충격적이고 불명예스러운 일 등으로 뒷말을 남기거나 좋지 못한 소문에 휩싸이는 것을 말합니다. '추문을 일으키다'와 비슷한 뜻이지요. 이때 추문(醜聞)은 '추잡한 소문'의 뜻을 가지고 있습니다.

파문과 스캔들은 비슷해 보이지만 조금 차이가 있습니다. 어떤 일의 결과가 개인의 좋지 않은 평판으로 이어지면 '스캔들을 일으키다'라고 하고, 그 일의 결과가 사회적으로 영향을 끼치는 것은 '파문을 일으키다'라고 합니다.

계륵

이 사업은 계속하자니 수익성이 적고, 그만두자니 이미 들어간 큰 금액을 날리게 되어 계륵 같습니다.

위나라 조조와 촉나라 유비가 한중(漢中) 땅을 놓고 싸울 때의 일입니다. 조조는 진격이냐 후퇴냐 결정을 내릴 수 없어 깊은 고민에 빠져 있었습니다. 그때 부하 장수가 아군끼리 신호로 삼는 암호를 정하기 위해 조조의 막사를 찾아왔습니다. 조조는 '계륵'이라고 딱 한마디만 일러 주고 입을 다물었습니다.

암호란 뜻을 몰라도 상관없지만 그래도 무슨 뜻인지 궁금했던 부하 장수는 자기의 막사로 돌아와 다른 장수들과 의논했지요. 하지만 아무도 계륵의 뜻을 아는 사람이 없었습니다. 그때 문서를 담당하는 양수라는 사람이 후퇴할 채비를 하는 것이었습니다. 다른 장수들이 그 까닭을 묻자 양수는 이렇게 답했

지요.

"계륵(鷄肋)은 닭의 갈비를 이르는데, 아시다시피 닭갈비는 먹자니 먹을 것이 없고, 버리자니 아까운 게 아닙니까? 그처럼 이 땅도 아깝긴 하지만 대단하지는 않다는 뜻이니, 곧 군사를 돌릴 결정이 내려질 것입니다."

과연 양수의 말대로 조조는 다음 날 후퇴 명령을 내렸다고 합니다. 양수는 계륵이라는 말 한마디를 통해서, 조조의 속마음을 알아차렸던 것입니다. 하지만 양수는 군사 기밀을 누설했다는 이유로 처형을 당했습니다.

이 이야기는 중국 후한 시대의 역사를 담은 책 《후한서》에 전합니다. 역사 소설 《삼국지》에도 비슷한 이야기가 나오지요.

이런 책들이 널리 읽히면서 '계륵'은 가져 봐야 별로 이득은 없지만, 그래도 버리기는 아까운 것을 뜻하는 말로 쓰이게 되었습니다.

《삼국지》는 원래 《삼국지》가 아니다?

《삼국지》는 중국 진나라의 학자 진수(233~297)가 위, 촉, 오 세 나라의 역사를 정리한 역사책입니다. 그런데 원나라 말기인 14세기에 나관중이 《삼국지》에 기록된 역사를 바탕으로, 전해지는 이야기를 소설로 엮어 《삼국지연의》를 펴냅니다. 오늘날 소설, 만화, 영화, 애니메이션, 게임 등으로 인기를 누리고 있는 《삼국지》는 사실은 《삼국지연의》를 줄여서 부르는 것입니다.

꼬리 치다

"너희 엄마가 하도 꼬리를 치는 바람에 결혼을 했지."
아빠는 싱글벙글 웃으며 엄마를 슬쩍 쳐다봤다.

몇 달 동안 남의 물건을 훔치는 절도 사건이 끊이지 않자 흉흉한 소문이 날마다 꼬리를 물고 있습니다. 그 때문에 박 형사가 심각한 표정으로 범인 잡을 궁리를 하고 있습니다. 그때 후배 김 형사가 문을 벌컥 열고 들어오지요. 그러자 박 형사가 말합니다.

"어이 김 형사, 문 좀 잘 닫아. 왜 그리 꼬리가 길어?"

김 형사는 머리를 긁적이며 다시 문을 닫고 말합니다.

"연쇄 절도 용의자 말입니다. 아직도 꼬리를 드러내지 않네요."

"그래? 이쯤 되면 꼬리가 밟힐 법도 한데 말이야."

"범죄 현장에서 귀신같이 꼬리를 감추는 바람에 도무지 꼬리를 잡을 수가 있어야지요."

"그렇더라도 우리가 먼저 범인에게 꼬리를 내리면 안 되지."

"물론입니다. 반드시 꼬리를 잡고야 말겠습니다."

두 형사의 대화에서처럼 꼬리를 이용한 익은말은 매우 많습니다. 꼬리는 동물의 꽁무니나 몸뚱이 끝에 길게 나온 부분이지요. 하지만 '연꼬리', '혜성의 꼬리'처럼 사물의 뒤에 길게 달린 부분을 꼬리라고 부르기도 합니다.

사람은 꼬리뼈는 있지만 꼬리는 없습니다. 그럼에도 우리는 일상생활에서 '꼬리 치다', 또는 '꼬리를 흔들다'라는 말을 자주 쓰지요.

'꼬리 치다'는 주로 여자가 남자의 관심을 끌기 위해 아양을 떠는 것을 속되게 이르는 말입니다.

사람은 꼬리가 없는데 왜 '꼬리 치다'라고 하는 표현을 쓸까요? 그 이유에는 세 가지 설이 있습니다.

첫째는 원숭이들이 이성의 관심을 끌기 위해 꼬리를 흔드는 데서 비롯되었다고 보는 설입니다. 둘째는 영국 빅토리아 여왕 시대에 여성들이 입은 옷의 한 가지를 꼬리라고 불렀다고 보는 것입니다. 셋째는 우리나라 전설에 나오는 구미호가 아홉 개나 되는 꼬리를 흔들어 사람을 홀린 데서 비롯되었다고 보는 설입니다.

그런데 강아지도 사람에게 꼬리를 흔듭니다. 먹이를 주거나 자신을 예뻐해 달라는 표현이지요. 영어에서도 '개가 꼬리를 흔들다(The dog wags its tail)'라고 하는 말이 '유혹하다'는 뜻으로 쓰입니다. 그러니 '꼬리 치다'는 말은 강아지가 꼬리를 치는 모습에서 비롯되었다고도 볼 수 있지 않을까요?

꼬리와 꽁지는 어떻게 다를까?

매우 빠른 동작으로 도망을 치거나 달아날 때 '꽁지 빠지게 도망쳤다'고도 하고, '꼬리 빠지게 도망쳤다'고도 합니다. 그렇다면 꼬리와 꽁지는 어떻게 다를까요?

꼬리는 동물의 몸 뒤쪽 꽁무니에서 길에 이어져 나온 부분을 이르는 말입니다. 꽁지는 새의 꽁무니에 붙은 깃을 이르는 말입니다. 꽁지는 새에게만 있지요.

신화와 전통 문화를 배우는 익은말

아킬레스건 | 트로이의 목마 | 이판사판이다 | 손 없는 날 | 미궁에 빠지다 | 걸신들리다 | 미다스의 손 | 야단법석이다 | 시시포스의 바위 | 이카로스의 날개 | 야누스의 얼굴 | 희생양 | 판도라의 상자

아킬레스건

기쁨이는 공부도 잘하고 얼굴도 예쁜 데다 친구들에게 인기도 좋다. 하지만 몸이 허약한 게 아킬레스건이다.

우리가 걷거나 달리거나 높이 뛸 수 있는 것은 발뒤꿈치에 튼튼한 힘줄이 있기 때문입니다. 발뒤꿈치의 뼈 위에 붙어 있는 이 힘줄을 '아킬레스건'이라고 합니다. 우리 몸에서 가장 두껍고 강한 아킬레스건은 그리스 신화에 나오는 영웅 아킬레우스의 이름에 힘줄을 뜻하는 한자 '건(腱)'이 붙어서 된 말입니다.

아킬레우스는 펠레우스 왕과 바다의 여신 테티스 사이에서 태어났

습니다. 여신 테티스는 아킬레우스를 낳았을 때, 아들이 자기처럼 영원한 생명을 갖지 못하는 것이 안타까웠습니다. 신과 인간 사이에서 태어난 자식은 인간으로 살아야 했거든요.

여신은 아들을 지하 세계로 데려가 거꾸로 잡고 머리끝부터 스틱스 강에 담갔습니다. 스틱스 강물에 적신 피부는 어떤 무기도 상처를 낼 수 없었기 때문이지요. 하지만 테티스가 손에 쥐고 있던 아킬레우스의 발꿈치는 강물에 적셔지지 않아 그의 유일한 약점이 되었습니다.

아킬레우스가 그리스 최고의 용사로 자라는 동안, 트로이와 그리스 사이에 큰 사건이 하나 벌어집니다. 트로이의 왕자 파리스가 그리스의 도시 국가 중 하나인 스파르타의 왕비 헬레나를 데려간 사건입니다. 그리스의 여러 도시 국가들은 힘을 합해 트로이와 전쟁을 벌이기로 하지요.

그런데 그리스가 트로이로 떠나기 전 아킬레우스가 없으면 전쟁에서 이길 수 없다는 소문이 나돌았습니다. 아킬레우스는 전쟁터에 나가면 죽을 운명이었기 때문에 부모님들이 그를 숨기려 했지만, 기지가 뛰어난 오디세우스 장군이 아킬레우스를 찾아내 함께 트로이로 떠납니다.

뛰어난 장수인 아킬레우스 덕분에 그리스 군은 트로이 주변의 12개 도시를 차례로 점령했습니다. 트로이 사람들은 불사신 같은 아킬레우스를 어떻게 없애 버릴 수 있을지 궁리했습니다.

스파르타 최고의 장군인 파리스는 마침내 아킬레우스의 발뒤꿈치

힘줄이 치명적인 약점이라는 것을 알아내고, 아폴론 신에게 얻은 화살로 아킬레우스의 발뒤꿈치를 쏘아 죽입니다. 유일한 약점 때문에 아킬레우스는 죽게 된 것이지요.

그 뒤 사람들은 발뒤꿈치 뒤에 있는 강한 힘줄을 아킬레스건이라 불렀습니다. 나아가 치명적인 약점을 이르는 말로 사용하게 되었지요.

아킬레우스 이야기는 그리스 시인 호메로스의 유명한 장편 서사시 《일리아드》에 전합니다. 이 시의 주인공이 바로 아킬레우스입니다.

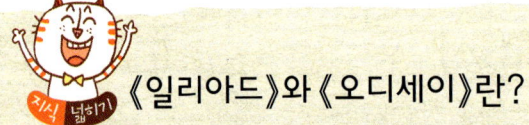

《일리아드》와 《오디세이》란?

《일리아드》와 《오디세이》는 세계 문학사상 최고의 걸작 가운데 하나로 꼽히는 작품입니다. 이 두 작품은 어떤 내용을 담고 있을까요?

《일리아드》는 그리스 군이 트로이 군과 싸운 10년 가운데 마지막 해 50일의 이야기를 담고 있습니다. 아킬레우스와 아가멤논의 다툼부터 트로이 군의 총사령관 헥토르의 죽음까지 다루고 있지요.

《오디세이》는 '오디세우스의 노래'라는 뜻으로, 오디세우스가 트로이 전쟁을 끝내고 고향 이타카로 돌아가기까지 10년 동안 겪은 모험담을 그리고 있습니다.

트로이의 목마

외국에서 들어온 씨앗들이 마치 트로이의 목마처럼
우리 토종을 몰아내고 자리를 잡고 있다.

그리스 영웅 아킬레우스의 부모인 펠레우스 왕과 바다의 여신 테티스가 결혼식을 올리는 날이었습니다. 결혼식에는 많은 신들이 초대받았지만 '다툼의 여신' 에리스는 초대를 받지 못했습니다. 기분이 상한 에리스는 여신들 앞에 황금 사과 하나를 던지고는 사라집니다. 황금 사과에는 이런 글이 적혀 있었지요.

'세상에서 가장 아름다운 자에게.'

아름답기로 유명한 헤라, 아프로디테, 아테나 여신은 서로 자기가 세상에서 가장 아름답다며 황금 사과가 자기 것이라고 우기다가 결국 신들의 왕인 제우스에게 판결을 내려 달라고 합니다. 제우스는 판결을 트로이의 왕자 파리스에게 떠넘겨 버리지요.

아프로디테는 자신을 선택하면 파리스에게 세상에서 가장 아름다운 여자를 아내로 삼게 해 주겠다고 약속합니다. 그 약속에 귀가 솔깃해진 파리스는 아프로디테의 편을 들어줍니다. 그런데 하필 세상에서 가장 아름다운 여자는 스파르타의 왕비 헬레네였습니다. 남편을 둔 여인을 차지하게 된 것이지요.

아내를 빼앗긴 스파르타의 왕인 메넬라오스는 형인 아가멤논과 함

신화와 전통 문화를 배우는 익은말 • 89

께 트로이를 공격하기로 합니다. 여기에 아킬레우스와 오디세우스 등 그리스의 영웅들도 가담하지요. 그 유명한 트로이 전쟁은 이렇게 해서 시작되었습니다.

   전쟁은 10년이나 계속됐지만 트로이 성을 점령할 수 없었습니다. 마침내 그리스 군은 오디세우스의 계책에 따라 나무로 만든 거대한 말, 즉 목마를 트로이 성 근처에 남겨 두고 거짓으로 철수합니다. 트로이 군대는 그리스 연합군이 항복하고 목마를 선물로 남기고 떠난 것으로 판단해 목마를 성 안으로 들여놓습니다. 그리고 승리를 자축하며 밤새 술을 마시고 취해 깊은 잠에 빠지지요.

마침내 새벽이 되자 목마 안에 숨어 있던 오디세우스를 비롯한 그리스 군사들이 몰래 빠져 나와 굳게 잠긴 트로이의 성문을 엽니다. 때를 맞추어 거짓으로 물러갔던 그리스 군이 성안으로 물밀듯이 쳐들어 갑니다. 그리스 군은 순식간에 트로이 성을 점령하지요.

　　만약 트로이 군대가 목마를 성 안으로 끌어들이지 않았다면 그리스 군의 계략은 성공하지 못했을 것입니다. 트로이 사람들에게 목마는 스스로 불러들인 재앙이었습니다.

　　'트로이의 목마'는 이처럼 밖에서 들어온 원인으로 내부가 무너지는 경우를 가리킬 때 쓰는 말입니다. 또 전혀 위험이 없는 것처럼 위장하고 어딘가에 침투해 목적을 이루는 것을 이르는 말입니다.

트로이 목마 바이러스가 있다고?

'트로이 목마'라는 이름의 컴퓨터 악성 프로그램이 있습니다. 인터넷을 타고 몰래 컴퓨터에 들어가 기능을 엉망으로 만들어 버리거나, 저장된 정보를 훔쳐 가는 프로그램입니다. 마치 트로이 전쟁에서 오디세우스가 목마에 몸을 숨겨 트로이의 성 안으로 들어가 그곳을 점령해 버린 것과 비슷하지요.
트로이 목마 프로그램은 컴퓨터의 키보드 기록을 분석해 사용자의 비밀번호나 신용 카드 번호 등을 알아내기도 합니다. 또 미리 지정해 둔 날짜나 시간이 되면 컴퓨터 속도를 매우 느리게 만들거나 컴퓨터에 저장된 중요한 파일을 지워 버리기도 합니다.

이판사판이다

서로 생각이 다르다고 티격태격하다가
이판사판으로 싸우려 드는 것은 옳은 태도가 아니다.

고려 시대의 왕실과 백성들은 불교를 좋아했습니다. 대각국사 의천이나 보조국사 지눌, 《삼국유사》를 쓴 일연 같은 훌륭한 스님도 많이 나왔지요. 불교 문화와 예술도 찬란하게 꽃을 피웠습니다.

하지만 불교로 인한 문제도 많았습니다. 백성들이 굶주리는데도 왕실에서는 절에 많은 재물을 바쳤고, 불교는 점점 세속화되었습니다.

그 뒤 유교를 받아들인 조선이라는 새 왕조가 들어서고, 유교 철학을 공부한 선비들이 나라를 이끌게 되지요. 조선은 타락한 불교를 비판하고 절이 가진 재산을 모두 나라 것으로 만들었습니다. 또 승려의

신분을 천민으로 떨어뜨리고 도성에 드나들지도 못하게 했습니다.

많은 승려들이 절을 떠날 수밖에 없었지요. 하지만 끝까지 남아서 절을 지킨 승려들도 있었습니다.

어떤 승려는 깊은 산속으로 들어가 참선에 전념하며 불교의 법과 교리를 이어 나갔습니다. 이런 승려를 '이판승'이라고 합니다. 또 어떤 승려는 기름을 짜고 종이나 신발을 만드는 등 고된 노동을 하면서 절 살림을 이어 갔습니다. 이런 스님들을 '사판승'이라고 불렀습니다. 이처럼 조선 초기에는 스님 노릇을 하려면 이판이나 사판, 둘 가운데 하나가 되어야 했지요.

'이판사판이다'는 좋지 않은 상황의 마지막까지 몰려 더 이상 물러설 곳이 없으므로 어떻게 되어도 상관없다고 말할 때 쓰입니다.

그래도 이판승과 사판승이 있었기에 오늘날까지 불교가 이어질 수 있었던 것이지요.

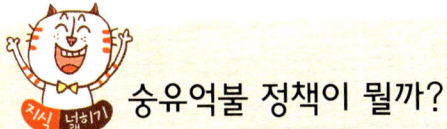

숭유억불 정책이 뭘까?

고려 말에는 왕실, 귀족, 사원이 거의 모든 땅을 차지하고 있었습니다. 백성들은 헐벗고 굶주릴 수밖에 없었습니다. 이때 정도전, 조준 같은 유학자들이 이성계와 함께 조선을 건국하면서 사원과 귀족이 부당하게 소유한 토지를 몰수하는 토지 개혁을 실시했습니다. 그리고 유교를 나라의 이념으로 세우고 불교를 억누르게 되는데, 이를 '숭유억불 정책'이라고 합니다. 유교를 숭상하고 불교를 억누른다는 뜻이지요.

손 없는 날

이사 날짜를 두고 엄마가 손 없는 날을 끝내 고집하시는 바람에 아빠와 한바탕 다투셨다.

우리나라 사람들은 이사나 결혼처럼 중요한 날짜를 택할 때 '손 없는 날'을 고릅니다. 삼국 시대 초부터 이어진 아주 오래된 관습이지요. 도대체 '손'이 뭐기에 사람들을 불편하게 만드는 것일까요?

손은 우리 민속 신앙에 나오는 나쁜 귀신 가운데 하나입니다. 동서남북을 차례로 돌아다니면서 사람들의 활동을 방해하는 귀신으로 알려져 있습니다. 백제의 명장 계백 장군에 얽힌 이야기를 해 볼까요?

백제가 신라와 황산벌에서 최후의 일전을 벌일 때의 일입니다. 계백 장군의 부하 장수가 계백 장군에게 건의했습니다.

"적군의 방향에 손이 있으니 우리는 뒤쪽으로 돌아가서 역습을 하

는 것이 좋을 듯합니다."

하지만 계백 장군은 부하 장수의 말을 듣지 않고 신라군을 정면에서 치다가 크게 패하고 백제는 멸망했다고 합니다. 조선 시대에 천문과 지리에 밝았다는 영관 스님이 쓴 《잡록》에 기록되어 있습니다.

'손 없는 날'이란 사람의 일을 방해하는 귀신인 손이 없어서 이사를 하는 등 길을 떠나기에 좋은 날이라는 뜻입니다.

손은 집에 찾아오는 사람을 일컫는 손님과 뿌리가 같은 말입니다. 반가운 손님과 나쁜 귀신인 손이 어떻게 관련이 있냐고요?

가족이 굶더라도 손님에게는 후하게 대접하는 것이 우리 나라의 관습이었습니다. 가난한 집에서는 손님이 무척 부담스러웠을 것입니다. 가난한 집에 민폐를 끼치는 손님이나, 사람에게 손해를 끼치는 귀신이나 밉기는 마찬가지였던 것이지요.

지식 넓히기 '손 없는 날'은 어떻게 정할까?

손은 한 군데 머무르지 않고 이곳저곳 돌아다니기를 좋아하는 귀신이라고 합니다. 그런데 무작정 다니는 게 아니라 날짜에 따라 일정한 방향으로 돌아다니지요. 음력 날짜의 끝자리가 1, 2일인 때는 동쪽, 3, 4일에는 남쪽, 5, 6일에는 서쪽, 7, 8일에는 북쪽에 손이 있다고 합니다. 그리고 9일과 10일에는 손이 하늘로 올라가서 쉰다고 합니다. 매달 음력 19일과 20일, 29일과 30일도 손 없는 날이 되는 것이지요.

미궁에 빠지다

시간이 지나자 사람들의 관심도 시들해지고,
사건은 영원히 미궁에 빠지고 말았다.

어떤 사건이나 문제가 해결되지 않고 도무지 그 실마리를 풀 수 없을 때, '미궁에 빠졌다'고 합니다.

미궁은 미로로 되어 있는 궁전을 말합니다. 드나드는 길이 구불구불하거나 여러 갈래로 나뉘어 있어서 들어가면 쉽게 나올 수 없지요.

미궁은 어디서 시작된 것일까요? 그리스 신화에 따르면 크레타 섬의 미노스 왕은 바다의 신인 포세이돈의 저주를 받아 괴물을 낳았습니다. 괴물은 '미노타우로스'라고 불렸습니다. 괴물 자식이 부끄러운 미노스 왕은 최고의 목수 다이달로스를 시켜 '라비린토스'라는 미궁

을 만들고 미노타우로스를 가두었습니다. 그리고 이웃한 국가 아테네에서 매년 남녀 젊은이들을 공물로 받아 괴물의 먹이로 주었습니다.

아테네의 영웅 테세우스는 미노타우로스를 무찌르기 위해 자신을 보고 첫눈에 반한 미노스의 공주 아리아드네의 도움을 받습니다. 아리아드네는 다이달로스에게서 미궁을 탈출할 방법을 알아내 테세우스에게 알려줍니다.

"제가 이 실패를 지키고 있을 테니 실을 풀면서 미궁으로 들어갔다가 실을 따라 다시 나오세요."

자진해서 공물이 된 테세우스는 미궁으로 들어가 괴물 미노타우로스를 죽이고, 무사히 미궁을 빠져나옵니다.

유럽에서는 왕궁 통로에 미로를 만들기도 했습니다. 지방의 귀족들은 재미 삼아 미로 모양으로 나무를 심어 정원을 만들기도 했지요.

아름다운 정원의 미궁이라면 헤매더라도 기분은 좋을 것 같습니다.

미로에서 길을 찾는 방법은?

아무리 복잡한 미로라도 모든 벽들이 연결되어 있다면 빠져나오기 쉽습니다. 왼손으로 벽을 계속 만지면서 가면 출구로 나올 수 있다고 합니다. 이것을 '왼손의 법칙'이라 하지요.

그런데 우리가 게임에서 자주 접하는 미로는 벽이 떨어져 있는 등 복잡한 구조로 되어 있지요. 이 경우에는 왼손의 법칙이 통하지 않습니다.

걸신들리다

나는 배가 너무 고파 마치 걸신들린 듯 허겁지겁 밥을 먹었다.

학교에서 돌아온 찬이는 무척 배가 고팠습니다. 때마침 엄마가 밥상을 차려 오자 손도 씻지 않은 채 밥상에 달려들어 허겁지겁 밥을 먹었습니다. 그 모양을 본 엄마가 말합니다.

"무슨 밥을 걸신들린 것처럼 먹니? 천천히 좀 먹어야지."

'걸신'은 굶어서 죽은 귀신을 말합니다. 죽은 뒤에도 여기저기 떠돌아다니며 음식을 빌어먹는다고 하지요. 배가 고파서 죽은 귀신이니 밥을 먹을 때 체면 차리지 않고 게걸스럽게 먹겠지요?

음식을 염치없이 지나치게 탐할 때 '걸신들리다'라고 합니다. 마치 걸신이 몸 안에 들어앉은 것과 같다고 해서 하는 말입니다.

물론 걸신이라는 귀신이 실제로 있는 것은 아닙니다. 우리 조상들이 상상력을 발휘한 것이지요.

우리 속담에는 '삼대 주린 걸신'이라는 말이 있습니다. 할아버지 대에서 손자 대에 이르도록 오랫동안 굶주린 걸신 같다는 뜻입니다. 걸신 중에서도 가장 게걸스러운 걸신을 이르는 말이지요.

불교에서는 걸신을 아귀라고 부릅니다. 염치없이 먹을 것을 탐하는 사람에게는 '아귀처럼 먹어댄다'라고 합니다.

'걸신들렸다'는 말을 듣지 않으려면 아무리 배가 고파도 손부터 씻고 천천히, 꼭꼭 씹어 먹어야 하겠지요?

우리나라에는 어떤 귀신이 있을까?

죽은 사람의 혼령이나 사람에게 해를 입히거나 복을 내려주는 신령을 귀신이라 합니다. 우리 민속 신앙에는 많은 종류의 귀신이 있습니다.
집터를 지키는 터주, 집을 지키는 성주, 부엌을 지키는 조왕신, 아기를 점지해주는 삼신할머니가 있습니다. 또 자는 사람을 가위눌리게 하는 가위, 병을 앓게 만드는 저퀴, 이사를 방해하는 손은 사람에게 해를 끼치는 귀신들이지요.
귀신이 정말 있는지, 없는지 과학적으로 밝혀낼 수는 없습니다. 개인의 경험이나 생각에 따라 그 존재를 믿는 사람도 있고, 믿지 않는 사람도 있지요.

야단법석이다

선생님이 잠깐만 자리를 비워도 이렇게 야단법석이니, 잠시도 자리를 비울 수 없어.

'야단법석'은 '야단'과 '법석'이 더해진 말입니다. 야단은 야기요단(惹起鬧端)을 줄인 말인데, 진리를 끊임없이 의심하며 깨달음에 이른다는 뜻이지요. 또 법석(法席)은 불교에서 설법이나 독경 따위를 행하는 자리를 뜻합니다.

불교에서는 법당 안에서 불법을 펴기도 하지만, 밖에다 많은 사람을 모아 놓고 설법을 하기도 하지요. 이처럼 야단법석은 원래 매우 심오하고 경건한 뜻을 가진 말입니다. 그런데 오늘날 야단과 법석은 주로 부정적인 뜻을 나타낼 때 쓰입니다.

먼저 '야단이다'고 하면 매우 떠들썩하게 일을 벌이거나 부산하고 소란스럽다는 뜻입니다. 또 '야단을 치다'고 할 때는 소리를 높여 마구 꾸짖는 일을 뜻합니다. 그리고 '야단났네!'라고 하면, 난처하거나 딱한 일에 맞닥뜨렸다는 뜻이지요.

　법석은 소란스럽게 떠드는 모양을 나타내는 말로 쓰입니다. 그래서 흔히 '난리법석을 피우다' 처럼 말하지요.

　두 단어가 합해서 생긴 말인 야단법석은 많은 사람들이 한곳에 모여 몹시 소란하고 시끄럽다는 뜻입니다.

　이처럼 신성한 야단법석이 부정적인 뜻으로 쓰이게 된 것은 조선 시대에 불교를 무시하던 관습 때문인 듯합니다. 조선의 유학자들은 백성들이 몰려들어 불법을 듣는 자리가 그저 시끄러운 시장 바닥처럼 느껴졌을지도 모를 일이지요.

　한편, 야단법석의 야단이 들에 쌓아 놓은 단상이라는 뜻의 '야단(野壇)'이라고 하는 주장도 있습니다. 부처님의 가르침을 들으려고 모여든 사람이 너무 많아 들에 단상을 놓고 설법을 한다는 뜻입니다. 사람이 많으면 당연히 분위기가 소란스럽고 시끄럽겠지요? 어디서 유래가 되었든, 몹시 시끄럽다는 뜻은 같습니다.

미다스의 손

가은이의 손만 거치면 무엇이든 멋지게 변한다.
가은이는 미다스의 손을 가졌나 보다.

　미다스는 그리스 신화에 나오는 왕의 이름입니다. 신화에 따르면 미다스 왕은 술의 신 디오니소스의 스승인 실레노스가 길을 잃었을 때, 그를 후하게 대접했다고 합니다. 디오니소스는 그 은혜를 갚기 위해 미다스 왕에게 소원을 하나 들어주겠다고 하지요. 미다스는 자기 손에 닿는 것은 무엇이든 황금으로 변하게 해 달라고 합니다.

　디오니소스는 그 소원을 들어 주었고, 미다스 왕의 손에 닿는 모든 것이 황금으로 변했습니다. 금이 잔뜩 생겨 큰 부자가 된 미다스 왕은 무척 기뻐했습니다. 그런데 문제가 생겼습니다. 음식도, 물도, 그의

손이 닿기만 하면 황금으로 바뀌는 통에 미다스는 며칠 동안 먹지도 마시지도 못했습니다. 굶어 죽게 생긴 미다스는 그제서야 사람은 황금만으로는 살 수 없다는 것을 깨닫습니다. 그리고 디오니소스 신에게 자신의 능력을 거두어 달라고 애원하지요.

그리스 신화에서 유래된 말인 '미다스의 손'은 무엇이든 만지기만 해도 황금으로 변하는 손을 일컫습니다. 오늘날에는 무슨 일이든 손만 댔다 하면 엄청난 돈을 벌어들이는 사람, 혹은 손재주가 뛰어난 사람을 빗대어 '미다스의 손'이라고 합니다.

실제로 서기전 700년경에 미다스 왕이 프리지아 왕국을 지배했다고 합니다. 고고학자들이 터키의 중부 도시인 고르디온에서 미다스 왕의 유물들을 발견했지만, 황금 유물은 없었다고 합니다.

미다스의 귀가 당나귀 귀였다고?

미다스 왕에 얽힌 여러 이야기 가운데 '임금님 귀는 당나귀 귀' 이야기가 유명합니다. 미다스 왕은 아폴론 신이 다른 신과 음악 솜씨를 겨룰 때 심판을 봅니다. 미다스는 아폴론의 패배를 선언하지요. 화가 난 아폴론은 미다스의 귀를 당나귀 귀로 만들어 버립니다.

미다스 왕은 당나귀 귀를 감추려고 늘 귀를 싸매고 다녔습니다. 오직 이발사만 왕의 귀를 볼 수 있었지요. 이발사는 죽을힘을 다해 그 비밀을 지키려고 했지만 도저히 참을 수 없었습니다. 이발사는 땅에 구멍을 파고 '임금님 귀는 당나귀 귀'라고 실컷 외친 뒤 흙을 메웠습니다. 그런데 그 자리에서 갈대가 자라더니 바람이 불 때마다 '임금님 귀는 당나귀 귀'라는 소리가 나는 것이었습니다. 그 바람에 사람들이 미다스 왕의 비밀을 알아차렸답니다.

시시포스의 바위

선생님께서 내주시는 숙제가 많을 때는
마치 내가 시시포스의 바위 앞에 선 기분이다.

코린토스의 왕 시시포스는 그리스 신화의 인물들 가운데 가장 영리하고 남을 잘 속이는 것으로 유명합니다. 시시포스는 죽은 다음 산 아래로 굴러 떨어지는 바위를 영원히 산 위로 밀어 올리는 벌을 받습니다. 시시포스는 왜 그런 벌을 받게 되었을까요?

신화에 따르면 신들의 왕인 제우스는 물의 신 아소포스의 딸 아이기나를 사랑했습니다. 제우스가 아이기나를 몰래 납치해 버리

자 슬픔에 잠긴 아소포스는 딸을 찾아다닙니다. 그러다 시시포스를 만나 그에게 샘을 만들어 주고 그 대가로 제우스와 딸이 있는 곳을 알아내지요.

제우스는 자신이 있는 곳을 알려 준 시시포스에게 죽음의 신 하데스를 보냅니다. 하지만 시시포스는 하데스를 감옥으로 유인해 가두어 버립니다. 덕분에 한동안 세상에는 죽는 사람이 없었다고 합니다.

전쟁과 군대의 신 아레스가 달려와서 죽음의 신을 구하고, 죽음의 신은 즉시 시시포스의 목숨을 거두지요. 하지만 시시포스는 이번에도 신을 속이고 이승으로 돌아와 남은 삶을 삽니다.

시시포스는 나중에 자신의 명이 다해 진짜 죽음을 맞았을 때 신들을 속인 죄로 무서운 형벌을 받습니다. 큰 바위를 고통스럽게 산꼭대기까지 밀고 올라가는 벌이었습니다. 그런데 산꼭대기까지 바위를 올려놓으면 바위는 어김없이 다시 아래로 굴러 떨어졌습니다. 시시포스는 끝없이 굴러 떨어지는 바위를 밀어 올리는 일을 계속해야 했지요.

사람들은 별 의미도 없이 고생스럽게 힘든 일을 되풀이하는 것을 일러 '시시포스의 바위'라고 부르게 되었습니다.

프랑스 작가 알베르 카뮈의 《시시포스의 신화》라는 수필이 발표되고 나서 시시포스의 바위는 더욱 유명해졌습니다.

이카로스의 날개

산악인들은 왜 죽음을 무릅쓰면서 높고 위험한 산에 오를까?
그들은 혹시 이카로스의 날개를 달고 태어난 것은 아닐까?

그리스 신화에 따르면 크레타 섬을 다스리던 미노스 왕의 부인은 머리는 황소이고 몸은 사람인 미노타우로스라는 괴물을 낳습니다. 미노스 왕은 당대 최고의 솜씨를 가지고 있던 다이달로스를 불러 절대 빠져나올 수 없는 미궁을 만들게 하여 괴물을 그 안에 가둡니다. 그런 다음 아테네에서 해마다 청년 일곱과 처녀 일곱을 바치게 하여 미노타우로스의 먹이로 주지요.

테세우스는 아테네 청년들의 희생을 막기 위해서 제물의 틈에 끼어 크레타 섬으로 옵니다. 테세우스를 보고 한눈에 반한 미노스 왕의 딸 아리아드네 공주는 다이달로스를 찾아가 미궁에서 빠져나올 수 있는 방법을 알려 달라고 합니다. 다이달로스는 미궁에 들어갈 때 실을 풀면서 들어갔다가 나올 때는 실을 따라 나오라고 하지요.

나중에 그 사실을 안 미노스 왕은 크게 노여워하며 다이달로스와 그의 아들 이카로스를 미궁에 가두어 버립니다. 하지만 솜씨가 좋았던 다이달로스는 밀랍과 새의 깃털을 이용해 날개를 만들어 미궁을 탈출합니다. 밀랍은 벌집에서 뽑아낸 물질로 접착력은 있지만 열에 약해 쉽게 녹아 내리지요. 다이달로스는 이카로스에게 당부합니다.

"아들아, 너무 높이 날면 태양의 열기 때문에 날개의 밀랍이 녹고, 너무 낮게 날면 바다의 물보라에 날개가 젖어 무거워지니 꼭 태양과 바다의 중간쯤을 날도록 해라."

아버지와 아들은 하늘로 날아올랐습니다. 새처럼 마음껏 하늘을 날게 된 이카로스는 신바람이 나서 마음이 들떴지요.

"더 높이 올라가면 기분이 어떨까?"

이카로스는 아버지의 당부를 잊어버린 채 하늘 높이 날아오르다가 태양의 열기에 날개가 떨어지면서 바다에 떨어져 죽고 맙니다.

'이카로스의 날개'는 자만심과 욕망을 조절하지 못해 화를 입게 되는 경우에 씁니다. 또 가 보지 않은 세계에 대한 호기심과 동경을 상징하는 뜻으로도 쓰입니다.

야누스의 얼굴

평소 순한 양 같은 지우는 화가 나면 성난 호랑이처럼 변한다.
마치 야누스의 얼굴을 가진 것 같다.

평소에는 순하고 차분한 성격을 가진 사람이 어느 날 갑자기 거칠고 사나운 모습을 보인다면 어떨까요? 그런 사람을 흔히 '야누스의 얼굴'을 가졌다고 말합니다. 또 정직하기로 소문난 사람이 실은 거짓말을 하거나 속임수를 쓰다가 들통 날 때도 그렇게 말하지요.

야누스는 로마 신화에서 집이나 도시의 문을 지키는 수호신의 이름입니다. 고대 로마인들은 야누스가 문의 안팎을 지키기 때문에 당연히 두 개의 얼굴을 가졌다고 여겼지요. 심지어 어떤 그림에서는 야누스의 얼굴을 네 개로 표현하기도 합니다. 야누스가 문의 앞뒤뿐만 아니라, 양 옆쪽도 지켜 주기를 바랐던 모양입니다.

이처럼 야누스의 얼굴이 두 개, 또는 네 개인 것은 겉 다르고 속이 달라서가 아니라 문을 잘 지키기 위해서입니다. 그러므로 이중적인 사람을 야누스의 얼굴에 빗대는 것은 적절치 않다고 할 수 있지요. 그럼에도 많은 사람들이 별로 좋지 않은 뜻으로 야누스의 이름을 쓰고 있습니다. 야누스 신으로서는 꽤나 억울한 일이지요.

'야누스의 얼굴'은 로마 신화에서 문을 지키는 신인 야누스의 얼굴이 두 개인 데서 비롯된 말로, 극단적인 두 가지 모습이나 성격을 가진 사람을 가리킬 때 씁니다.

참고로 로마 신화에 나오는 신은 그리스 신을 받아들여 이름만 바꾼 게 대부분입니다. 그리스 신화에서 미의 여신 아프로디테를 로마 신화에서는 베누스라 부르는 것처럼 말이지요. 이와 달리 야누스 신은 로마 고유의 신입니다.

1월은 야누스의 달

▲ 야누스 상

1월을 영어로 '재뉴어리(January)'라고 하는데, 이 말은 라틴어 '야누아리우스(Januarius)', 즉 야누스(Janus)에서 비롯되었다고 합니다. 야누아리우스는 '야누스의 달'이라는 뜻이지요.
로마인에게 야누스는 단순히 문을 지키는 신이 아니었습니다. 그들은 야누스가 출입문뿐만 아니라 밤과 낮, 과거와 미래 등 시간의 문까지도 지켜준다고 생각했습니다. 그래서 한 해가 시작되는 1월을 '야누스의 달'이라고 불렀습니다.

희생양

운동 경기에서는 약체인 선수나 팀을 희생양으로 삼는 일이 비일비재하다.

고대에는 재앙을 막기 위해 짐승을 신에게 제물로 바치는 풍습이 있었습니다. 사람들이 지은 죄를 대신 뒤집어쓰게 하고 희생시킴으로써 재앙을 피할 수 있다고 생각한 것입니다.

특히 고대 유대인들에게는 모세의 율법에 따른 '속죄의 날'이 있었습니다. 이날이 되면 성전 앞에 숫염소 두 마리를 끌어다 놓고, 대사제가 염소의 머리에 두 손을 얹은 채 여러 사람들이 지은 죄를 고백했습니다. 사람들의 죄를 염소에게 모두 뒤집어씌운 것이지요.

그런 다음 한 마리는 예루살렘 동쪽의 광야로 내보내고, 또 한 마리는 죽여서 그 피를 받아 신의 성전에 제물로 바쳤습니다. 이때 희생된 염소

를 '스케이프고트(scapegoat)'라고 불렀는데, 이를 우리말로 번역한 것이 '희생양'입니다.

이처럼 희생양은 원래 고대 유대인들의 희생물로 바쳐지던 양을 말하던 것입니다.

<mark>오늘날에는 사람들의 어떤 이익이나 목적 때문에 자신의 목숨이나 재산, 권리 따위를 빼앗긴 사람을 일컫는 말로 쓰입니다.</mark>

한편, 염소 같은 짐승 대신 사람이 속죄의 제물이 되기도 했습니다. 예수 그리스도는 모든 인간의 죄를 대신 짊어지고 스스로 십자가에 못 박혀 죽은 대표적인 희생양이지요.

역사를 살펴보면 지배자들의 욕심 때문에 죄 없는 사람들이 희생양이 된 경우가 있었습니다. 중세 유럽에서 마녀사냥으로 처형된 수많은 여성들은 종교 권력의 희생양이었다고 할 수 있지요. 1923년 일본 간토 지방에서 대지진이 일어나 10만여 명이 죽자 일본인들은 흉흉한 민심을 가라앉히기 위해 조선인들에게 엉뚱한 죄를 뒤집어씌워 수천 명을 학살했습니다. 또 제2차 세계 대전 때 독일 나치 정권은 수많은 유대인을 희생양으로 삼았습니다.

과거에 수많은 사람이 희생양이 되었던 것은, 당시의 지배자들이 자신들의 권력을 유지하기 위해 대중들의 무지와 편견을 악용했기 때문입니다.

판도라의 상자

핵 폐기물 보관소는 미래의 인류에게 판도라의 상자가 될 것이다.

　판도라는 '모든 선물을 받은 여인'이라는 뜻으로, 그리스 신화에 나오는 인류 최초의 여성입니다.

　그리스 신화에 나오는 티탄 족 신인 프로메테우스는 다른 동물들과 달리 자신을 지킬 힘이 없어 보이는 인간을 위해 신들만 사용하는 불을 훔쳐다 줍니다. 그 벌로 프로메테우스는 신들의 왕인 제우스에게 벌을 받습니다. 코카서스 산의 바위에 묶인 채 독수리에게 간을 쪼여 먹히는 끔찍한 벌이었지요. 그런데 고약한 제우스의 분노는 여기서 그치지 않았습니다. 인간을 불행하게 하기 위한 계략을 꾸밉니다.

　제우스는 대장간의 신 헤파이스토스에게 흙으로 여신을 닮은 여인을 빚게 하지요. 그런 뒤 여러 신들에게 자신이 가진 가장 고귀한 것을 하나씩 선물하게 합니다. 미의 여신 아프로디테는 아름다움을, 아테나는 베 짜는 기술을, 그리고 헤르메스는 설득력 있는 말솜씨 등을 여인에게 선물하지요. 이 여인이 판도라입니다. 이로써 매혹적인 여인 판도라가 태어납니다.

　제우스는 판도라에게 항아리 하나를 주면서 절대로 열어 보지 말라고 경고한 뒤, 프로메테우스의 동생 에피메테우스에게 보냈습니다.

판도라의 아름다움에 반한 에피메테우스는 판도라를 덥석 아내로 맞이했습니다. 형 프로메테우스는 코카서스 산으로 벌을 받으러 가기 전에 미리 동생에게 제우스의 선물은 절대 받지 말라고 당부했지요. 하지만 '나중에 생각하는 자'라는 뜻의 이름을 가진 에피메테우스는 그 말을 까맣게 잊어버렸습니다.

어쨌든 판도라와 에피메테우스는 부부가 되어 행복한 나날을 보냅니다. 시간이 지나자 판도라는 제우스가 준 항아리 속에 무엇이 들었는지 궁금해서 견딜 수 없었습니다. 결국 호기심에 못 이겨 판도라는 항아리 뚜껑을 열고 말지요.

그 순간 항아리 안에서 슬픔과 질병, 가난과 전쟁, 증오와 시기 등 온갖 불행이 쏟아져 나왔습니다. 판도라는 깜짝 놀라 황급히 뚜껑을 닫았지요. 그 덕분에 희망만 빠져 나오지 못하고 갇혔습니다. 그때부터 인간은 온갖 고통에 시달리게 되었다고 합니다. 마침내 제우스의 복수가 실현된 것이지요. 하지만 인간은 고통 속에서도 항아리 안에 들어 있는 희망을 간직하고 살게 되었답니다.

이 판도라 이야기를 르네상스 시대에 에라스뮈스라는 학자가 자신의 책에 소개하면서 항아리를 상자로 바꾸는 실수를 했고, 이 때문에 '판도라의 상자'라는 말이 널리 알려져 쓰이고 있습니다.

오늘날 '판도라의 상자'라는 말은 감당하기 어려운 불행의 근원, 또는 대혼란의 근원을 빗대어 표현할 때 쓰입니다.

인류 최초의 여성들은 억울하다!

그리스 신화에서 판도라가 최초의 여성이라면, 구약 성서에서는 아담의 갈빗대에서 나왔다는 하와가 최초의 여성이지요. 그런데 판도라와 하와는 모두 신의 명령을 어겨 인간 세상에 불행과 고통을 몰고 오는 존재들입니다. 신화 자체가 여성 차별적이라고 할 수 있지요.

이에 비해 단군 신화에 나오는 웅녀는 쑥과 마늘을 먹으며 백일 동안 고통을 견딘 다음에 여성이 됩니다. 그 점에서 웅녀는 고통을 극복해 낸 긍정적인 존재이지요. 그러나 한편으로 환웅은 멀쩡히 있는데 왜 웅녀만 고통을 겪은 뒤에 사람이 되었는지 의문이 듭니다. 이래저래 최초의 여성들은 모두 억울한 사람들입니다.

한국사 지식이 쌓이는 익은말

거덜 나다 | 목구멍이 포도청 | 삼천포로 빠지다 | 함흥차사 | 떼어 놓은 당상 | 삼수갑산 | 엿장수 마음이다 | 억장이 무너지다 | 경을 치다 | 물꼬를 트다 | 어처구니없다 | 을씨년스럽다 | 안성맞춤이다

거덜 나다

옆집 아줌마는 대학생 자녀 두 명의 등록금을 대느라 집안이 거덜 나게 생겼다며 걱정했다.

조선 시대 궁중에서 말과 마구간을 관리하던 관청에 '거덜'이라는 하인들이 있었습니다. 거덜은 임금이나 지체 높은 사람들이 행차할 때 앞에 서서 큰 소리로 "쉬— 물렀거라!"라고 외치면서 행인들을 옆으로 비키게 하는 일을 했습니다.

조선 시대의 서민들은 높은 관리들이 지나갈 때마다 번번이 엎드리거나 고개를 숙여 예를 갖추어야 했습니다. 예를 갖추지 않았다가는 거덜에게 흠씬 두들겨 맞거나, 가진 것을 모두 털려 빈털터리가 되기도 했습니다. 재산이나 살림이 몽땅 없어지는 경우나 하려던

일이 결딴이 났을 때 쓰는 말인 '거덜 나다'는 바로 여기에서 비롯되었습니다.

거덜들은 주인의 권세를 등에 업고 길 가는 사람들이나 장사를 하는 사람들에게 횡포를 부렸습니다. 하인인데도 말이지요. 백성들은 거덜이 나타나면 무척 두려워했습니다. 잘난 체하면서 거드름 피우는 행동을 일컫는 말인 '거들먹거리다'도 거덜에서 나왔다고 합니다.

거덜의 횡포가 가장 심했던 곳은 서울 종로였습니다. 종로는 지체 높은 관리들이 자주 오가는 거리였지요. 관리의 행차에 예를 갖추다 보면 가는 길도 늦어지고, 거덜의 횡포도 겪게 되니 서민들은 종로 거리를 피해 뒷골목으로 다녔습니다. 그 뒷골목이 바로 '피맛골'입니다. 말을 피한다는 뜻의 한자어 '피마(避馬)'에 골목을 뜻하는 우리말 '골'이 합쳐진 말이지요. 사실은 말보다도 '거덜'을 피해 다녔던 길이었습니다.

피맛골이 어디지?

피맛골은 조선 시대에 서민들이 말과 거덜의 횡포를 피해 다니던 좁은 골목길로, 서울의 종로 1가에서 종로 3가 사이에 있었습니다. 겨우 두 사람이 나란히 걸을 수 있을 만큼 좁았지만, 서민들이 많이 다니다 보니 국밥집이나 선술집이 많았지요.
얼마 전까지도 피맛골에는 해장국, 생선구이, 빈대떡 등을 파는 식당들이 많이 있었지만, 현재는 도심 재개발 공사로 사라지고 오래된 식당 한 곳만 서울 역사 박물관으로 옮겨져 보존되고 있습니다.

목구멍이 포도청

옆집 봉구네 엄마는 마트에 나가 일을 하시고 파김치가 되어 돌아오신다. 그러면서 늘 '목구멍이 포도청'이라며 한탄하신다.

포도청은 조선 시대에 범죄자를 잡아 다스리는 무서운 곳이었습니다. 요즘처럼 과학 수사 기술이 발달하지 않아, 포도청에서는 죄인을 다룰 때 심한 매질과 고문을 하기도 했습니다. 포도청에 한번 끌려가면 초주검이 되기 십상이었지요.

옛날 가난한 사람들은 늘 끼니를 걱정했습니다. 열심히 일해도 겨

우 '목구멍에 풀칠'을 하고 사는 사람이 많았습니다. 그나마 목구멍에 풀칠도 하지 못하게 되면, '산 입에 거미줄 치랴' 하면서 냉수를 마시며 배고픔을 달랬지요. 그러던 중에 모처럼 실컷 먹을 일이 생겨 포식하게 되면 '목구멍에 때 벗겼다'고 말하곤 했습니다.

밥 달라고 조르는 목구멍 때문에 도둑질하는 사람도 있었습니다. 그러다가 포도청으로 끌려가 매질을 당하기도 했지요.

목구멍이 포도청이라는 말의 원래 뜻은 '목구멍'으로 음식을 삼키기 위해 '도둑질'을 하게 되고 그 때문에 '포도청'에 가게 된다는 것으로, 배고픔이 포도청만큼이나 무섭다는 뜻으로 쓰입니다.

포도청은 어떤 곳이었을까?

포도청은 조선 중기부터 치안을 담당하던 관청으로, 도둑을 잡거나 야간 순찰을 담당했습니다. 줄여서 포청이라고 불렀지요. 오늘날의 경찰청과 같은 곳입니다. 한양에는 좌포도청과 우포도청이 있었는데, 지금의 서울·경기 지역을 좌우로 나누어 치안을 담당했습니다.

포도청은 병조에 속해 있었고, 종2품 포도대장이 다스렸습니다. 포도대장은 새의 깃털로 장식된 멋진 모자를 쓰고 도포 자락을 휘날리며 포졸들을 이끌었습니다.

삼천포로 빠지다

나은이는 자랑스러운 내 고장 발표를 하다가 중간에 유럽 마을 이야기를 하면서 삼천포로 빠져 버렸다.

친구들과 이야기를 하다 보면 주제와 상관없는 엉뚱한 이야기를 늘어놓는 사람이 있지요. 그럴 때 우리는 흔히 '삼천포로 빠졌다'고 합니다. 삼천포는 경상남도 남서쪽에 있던 항구 도시의 이름입니다. '삼천포로 빠지다'는 익은말은 어떻게 생겼을까요?

우리나라에 철도가 놓인 지 얼마 되지 않았을 때의 일입니다. 부산에서 출발해 진주로 가는 기차는 진주로 가는 손님과 삼천포로 가는 손님을 함께 태워서 가다가, 계양역에 닿으면 진주행 객차와 삼천포행 객차를 나누어서 운행했습니다. 이때 객차 번호를 방송으로 알려주는데, 잠이 든 진주행 손님이 삼천포로 가게 되는 경우가 종종 있었습니다. 그래서 '삼천포로 빠지다'

라는 말이 생겼다고 합니다.

또 옛날에 어떤 장사꾼이 장사가 잘 되는 진주로 가려다가 길을 잘못 들어 장사가 안 되는 삼천포로 가 버렸다는 설이 있습니다.

경상남도 진해시에 들어선 해군 기지와 관련된 유래도 있지요. 휴가를 마친 해군이 부대로 돌아가다가 삼랑진에서 진해로 가는 기차를 갈아타지 못해 삼천포까지 가 버리는 일이 종종 있었다는 겁니다.

'삼천포로 빠지다'라고 하는 익은말의 유래는 여러 가지이지만 공통된 내용은 '길을 잘못 들었다'는 것입니다. 오늘날에는 이야기가 주제를 벗어나 곁길로 빠지는 경우, 또는 어떤 일을 하는 도중에 엉뚱하게 그르치는 경우에 '삼천포로 빠지다'라고 합니다.

삼천포 사람들은 삼천포를 비하하는 듯한 이 말을 무척 싫어했습니다. 그러니 '샛길로 빠지다'라는 말을 쓰는 것이 더 낫지 않을까요?

삼천포는 어디에 있을까?

1956년에 사천군 삼천포읍이 남양면과 통합되어 삼천포시가 되었습니다. 그리고 1995년 5월에는 북쪽에 있는 사천군과 합쳐져 사천시로 이름이 바뀌었습니다. '삼천포로 빠지다'는 익은말 때문에 동네 이름이 좋지 않게 여겨져서 그랬나 봅니다. 그러나 지금도 사천시 남쪽 바닷가 지역은 '삼천포'라고 부르며, 학교나 다리에 아직 그 이름이 남아 있답니다.

함흥차사

| 연우에게 좋아한다는 편지를 보냈는데 함흥차사다.

연이 엄마는 저녁 식사를 준비하다 연이에게 두부를 사 오라고 심부름을 보냈습니다. 하지만 연이는 심부름 가는 길에 친구를 만나 수다를 떨다가 엄마의 부탁을 까맣게 잊어 버렸습니다.

"심부름 간 녀석이 함흥차사네. 어디서 무얼 하고 있는 거야!"

엄마는 화가 나서 이렇게 말하지요. 여기서 '함흥'은 함경남도 남쪽에 있는 고을 이름이고, '차사'는 임금이 중요한 임무를 위해 파견하던 벼슬아치를 이르는 말입니다. '함흥차사'는 '임금이 함흥으로 파견한 사신'을 말하지요. 그렇다면 누가, 무엇 때문에 함흥으로 차사를 보냈을까요?

조선 태조 이성계는 두 차례나 일어난 '왕자의 난' 때문에 마음이 크게 상하여 고향인 함흥으로 갑니다. 아들인 이방원은 이성계를 한양으로 모셔 오려고 함흥으로 여러 번 사신을 보내지요. 하지만 한 번 간 사신은 돌아오지 않았다고 합니다. 그때부터 함흥차

사라는 말은 심부름을 간 사람이 소식이 없거나, 좀처럼 답이 오지 않을 때 쓰이게 되었습니다.

전해 오는 말에 따르면 화가 난 태조 이성계가 사신들이 오면 죽이거나 가두어 놓고 보내지 않았다고 합니다. 이방원을 미워한 함흥 백성들이 사신을 죽였다는 말도 있습니다. 하지만 정확한 역사 기록이 없어 어떤 말이 사실인지는 확인하기 어렵습니다.

왕자들이 왜 난을 일으켰을까?

'왕자의 난'이란 태조 이성계의 아들, 즉 왕자들이 일으킨 반란으로 총 2번 일어났습니다.

1392년에 조선을 건국한 태조 이성계는 둘째 부인에게서 난 막내 방석을 세자로 세웁니다. 그러자 첫째 부인에게서 난 여섯 명의 왕자들이 불만을 품습니다. 조선 건국에 공이 많은 다섯째 왕자 방원은 이성계가 병석에 누워 있는 틈에 세자 방석과 정도전, 남은 등 반대 세력을 제거합니다. 그리하여 둘째 방과(정종)가 왕이 되고, 실권은 방원이 가집니다. 이성계는 상왕으로 물러나지요. 1398년 8월에 일어난 이 사건을 '제1차 왕자의 난'이라고 부릅니다.

이듬해인 1399년에는 넷째 왕자 방간이 박포와 함께 방원을 공격합니다. 하지만 방원의 군대에 패하고 말지요. 이를 '제2차 왕자의 난'이라고 합니다. 방원은 마침내 조선 3대 임금 태종이 됩니다. 이처럼 형제들끼리 죽고 죽이는 싸움을 보다 못한 태조 이성계는 고향인 함흥으로 돌아가 버렸던 것이지요.

떼어 놓은 당상

수영이는 전국 독후감 대회에서 1등을 했다. 그러니 이번 학교 글쓰기 대회에서 으뜸상은 이미 떼어 놓은 당상이다.

당상은 원래 한옥에서 몸채의 방과 방을 잇는 큰 마루의 위를 뜻하는 말입니다. 이 큰 마루를 당 혹은 대청이라고도 하지요. 조선 시대 궁궐의 당상은 정삼품 상 이상의 높은 벼슬아치들이 모여 나랏일을 의논하던 곳이었습니다. 그래서 정삼품 상 이상의 벼슬아치들은 당상 또는 당상관이라고 불렸습니다.

그런데 '떼어 놓은 당상'은 도대체 무슨 뜻일까요?

조선 시대에는 결혼한 남자들이 상투를 틀었습니다. 이때 걷어 올린 머리카락이 흘러내리지 않도록 머리에 띠 모양의 망건을 둘렀지요. 망건의 좌우에는 망건 줄을 꿰는 작은 고리인 관자가 달려 있었습니다.

성인 남자들은 신분에 따라 옥, 금, 호박, 뿔, 뼈 따위로 만든 관자를 망건에 달았습니다. 높은 벼슬아치인 당상은 옥이나 금으로 만든 관자를 사용했지요. 그러다 보니 옥관자와 금관자는 당상으로도 불렸습니다.

옥관자와 금관자는 당상만 사용할 수 있어 망건에서 떼어 놓아도 누가 훔쳐 갈 수 없는 물건이었습니다. 게다가 오래되어도 부식되어 못 쓰게 될 염려도 없었지요. 바로 이 때문에 '떼어 놓은 당상'은 일이 확실해 조금도 틀림이 없다는 뜻을 지니게 되었습니다.

이 익은말은 '떼어'를 '떼'로 줄여 '떼 놓은 당상'으로도 쓰입니다. 이미 떼어 놓았다는 뜻에서 '따 놓은 당상'으로도 쓰이지요.

하지만 '떼어 논 당상'이나 '떼 논 당상'이라고 쓰면 틀린 표현이 됩니다. '좋은'을 '존'으로 쓸 수 없고 '낳은'을 '난'으로 쓸 수 없는 것과 마찬가지로, '놓은'을 '논'이라 쓸 수 없기 때문입니다.

조선 시대 관직의 품계는 어땠을까?

오늘날에는 공무원의 등급을 '급'으로 표현합니다. 흔히 '9급 공무원'이니 '7급 공무원'이니 하는 말을 들을 수 있지요. 그런데 옛날에는 관원의 등급을 1품에서 9품으로 나누었습니다. 또 각 품은 정과 종으로 나누어 총 18직급이 있었습니다. 즉, 일품에는 정일품과 종일품이 있었지요.

이 18가지 품계를 다시 네 가지로 나누어, 정일품~정삼품 상은 당상관, 정삼품 하~종사품은 당하관, 정오품~종육품은 참상관. 정칠품~종팔품은 참하관이라 하였습니다.

삼수갑산

경찰은 삼수갑산에 가는 한이 있어도 서민들을 위협하는 폭력배를 소탕해야 한다.

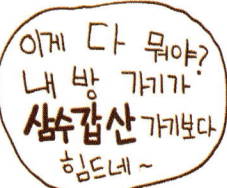

우리나라 지도를 펴 놓고 백두산 아래쪽을 살펴보면 '삼수'와 '갑산'이라는 땅 이름이 보입니다. 삼수와 갑산은 모두 지형이 험하고 추운 고장으로 교통도 매우 불편합니다. 조선 시대에는 한 번 가면 다시는 살아 돌아올 수 없는 첩첩산중의 귀양지로 소문난 곳이었지요. '삼수갑산'은 이 삼수와 갑산을 더해서 생긴 말입니다. 우리나라에서 가장 험한 귀양지를 나타내지요.

귀양은 꼭 나쁜 죄를 지어야만 가는 것이 아니었습니다. 입바른 말을 하거나 자기주장을 굽히지 않다가 반대파의 모함을 받아, '죄인 아닌 죄인'으로 귀양을 떠난 사람도 많았지요.

〈어부사시사〉, 〈오우가〉 등의 시조로 유명한 조선 중기의 시인이자 문신인 고산 윤선도도 삼수갑산의 삼수로 귀양을 떠나야 했습니다. 당시 궁중 의례를 두고 우암 송시열과 논쟁을 벌이다가 죄인으로 몰렸지요.

이처럼 삼수갑산은 삼수와 갑산을 동시에 가리키는 말이지만, '매우 어렵고 곤란한 처지'나 '최악의 상황'을 나타낼 때 흔히 쓰이고 있습니다. 어떤 일로 혼나고 났을 때 "어휴, 삼수갑산에 갔다 왔어!"라고 말할 수도 있지요.

'삼수갑산에 가는 한이 있어도'라는 말은 자신에게 닥쳐올 위험을 무릅쓰고라도 어떤 일을 추진할 때 쓰는 표현입니다. '경찰은 삼수갑산에 가는 한이 있어도 폭력배를 소탕해야 한다.'라고 하면, 경찰은 어떤 위험을 무릅쓰고라도 폭력배를 소탕해야 한다는 말이 되지요.

삼수갑산은 어떤 곳일까?

삼수와 갑산은 함경남도 북쪽에 있는 지역입니다. 물줄기 세 개가 합쳐지는 곳이라는 뜻에서 삼수(三水), 큰 산이 겹겹이 있다는 뜻에서 갑산(甲山)이라는 이름이 붙었습니다. 둘 다 우리나라의 지붕이라고 일컬어지는 개마고원과 압록강 사이에 자리하고 있지요.

삼수와 갑산 지역은 험한 지형과 혹독한 추위로 악명 높습니다. 연평균 기온이 2도에 불과하며 1월 평균 기온이 영하 16도에서 18도에 이를 정도로 매우 춥고 눈도 많습니다.

엿장수 마음이다

넌 엿장수 마음대로 학교에 오고 싶으면 오고,
오기 싫으면 안 오는 거냐?

조선 시대 화가 김홍도의 그림 가운데 〈씨름〉이라는 작품이 있습니다. 그 그림을 보면 구경꾼들 사이에 서서 엿판을 목에 걸고 있는 엿장수의 모습이 참 인상적입니다.

요즘에는 군침 도는 군것질거리가 사방에 널려 있지만 조선 시대까지만 해도 엿은 최고의 군것질거리 중 하나였지요. 그러다보니 장터나 사람이 많이 모이는 곳이면 어디든 엿장수가 엿판을 가지고 나타나 엿을 팔았습니다.

수십 년 전까지도 손수레에 엿판을 싣고 동네를 돌아다니는 엿장수

를 쉽게 볼 수 있었습니다. 쩔렁쩔렁 가위 치는 소리와 함께 엿장수가 나타나면 동네 사람들은 집 한구석에 모아 둔 빈 병이나 낡은 고무신, 고철 같은 폐품을 들고 가서 엿으로 바꾸어 먹었습니다.

엿장수는 사람들이 들고 오는 고물 종류가 너무 다양해서 정확한 가격을 매기기 어려웠습니다. 기준도 없고, 원칙도 없었습니다. 엿을 얼마나 떼어 줄 것인지는 엿장수 마음이었지요. 조금 더 달라고 떼를 쓰는 사람도 있었지만, 더 줄 것인지 말 것인지도 엿장수 마음이었습니다. 그래서 어떤 일을 자기 마음대로 이랬다저랬다 하거나 일관된 기준이나 원칙이 없는 경우에 '엿장수 마음이다'라고 말하지요.

한편, 엿장수가 가위를 치는 숫자가 자기 마음대로여서 '엿장수 마음이다'라는 말이 생겼다는 주장도 있습니다.

엿과 관련된 여러 가지 풍습

▲ 김홍도, 〈씨름〉의 부분

우리나라에는 엿과 관련된 풍습이 있습니다. 중요한 시험을 보기 전에 엿을 먹는 풍습이 대표적이지요. 엿처럼 시험에 찰싹 붙으라는 뜻임을 쉽게 짐작할 수 있습니다.

결혼할 때 신부 집에서 신랑 집으로 보내는 폐백 음식에도 엿을 넣었습니다. 엿을 나눠 먹으면서 새 며느리 흉을 보지 말아 달라는 친정 부모의 바람이 들어 있습니다. 일종의 입막음인 셈이지요.

'엿치기'라는 전통 놀이도 있습니다. 기다란 엿가락을 각자 부러뜨려 그 속의 구멍이 많거나 큰 쪽이 이기는 놀이였습니다.

억장이 무너지다

어렵게 만든 '프라모델'을 동생이 망가뜨려서
억장이 무너지는 것 같다!

가까운 사람이 갑자기 세상을 떠나거나 해서 가슴이 몹시 아플 때, 어른들은 흔히 '억장이 무너지는 것 같다'는 말을 합니다.

'억장'은 본래 '억장지성(億丈之成, 높이가 억장인 성)'의 줄임말입니다. 장(丈)은 길이의 단위로 3미터쯤 됩니다. 그러므로 억장은 3억 미터, 즉 30만 킬로미터쯤 됩니다. 우리가 살고 있는 지구 둘레의 7.5배나 되지요.

만약 그렇게 높은 성이 무너진다면 엄청난 일이 아닐 수 없습니다. 공든 탑이 무너지는 것도 슬픈 일이지만, 억장이나 쌓아올린 성이 무너지면 그 슬픔과 절망감을 헤아리기도 어려울 것입니다.

그래서 '억장이 무너지다'는 말은 억장의 성이 한꺼번에 무너지듯이 극심한 슬픔이나 절망 따위로 몹시 가슴이 아프고 괴롭다는 뜻을 가지게 되었습니다.

억울하고 슬픈 일을 당해 마음이 괴로울 때 사

내가 얼마나 아끼는 바지인데~!
억장이 무너진다.

람들은 흔히 '가슴이 미어진다'고 합니다. '억장이 무너지다'는 그보다 더 슬프거나 괴로울 때 쓸 수 있는 익은말이지요. 세상에 이보다 더 슬플 수 없다는 뜻입니다.

　한편, 억장이 가슴 전체를 뜻한다는 주장도 있습니다. '억(臆)'은 가슴팍을 뜻하며, '장'은 길이의 단위가 아니라 몸 안의 장기를 뜻하는 '장(臟)'이라는 주장입니다. 정확한 근거는 없지만, 원통한 일을 당한 사람들이 흔히 자기 가슴을 치면서 '억장이 무너진다!'라고 말하는 것을 보면 터무니없는 주장은 아닌 듯합니다.

 **길이를 나타내는 우리 옛말**

길이를 나타내는 옛 단위로는 푼, 치, 자, 장이 있으며 10배씩 차이가 납니다. 푼은 약 3밀리미터, 치는 약 3센티미터, 자는 약 30센티미터, 장은 약 3미터쯤 됩니다.
　'치'와 '자'는 아직도 우리가 하는 말이나 실생활에서 쓰이고 있습니다. 아주 가까운 곳도 보이지 않거나 곧 다가올 미래를 예측하기 힘들 때 '한 치 앞도 보이지 않는다'라고 쓰지요. 또 '내 코가 석 자다'라는 표현은 내 콧물이 석 자나 흘러내렸다는 뜻으로, 자신의 처지도 급해 남을 돕기 어렵다는 뜻이지요. '자'는 가구의 길이를 재는 단위로 아직도 쓰고 있습니다.

한국사 지식이 쌓이는 익은말

경을 치다

"다시 한번 거짓말을 하면 경을 칠 줄 알아."
엄마가 무서운 얼굴로 으름장을 놓으셨다.

조선 시대에는 하룻밤을 초경, 이경, 삼경, 사경, 오경으로 나누어 시간을 쟀습니다. 초경은 해가 진 무렵이고 삼경은 자정, 그리고 오경은 날이 샐 무렵입니다. 각 경에는 종을 쳐서 시간을 알렸지요.

삼경 이후부터 오경이 될 때까지는 도성의 사대문을 걸어 잠그고, 일반 백성의 통행을 금지했습니다. 삼경이 되면 종을 28번 쳐서 통행금지 시간임을 알렸는데, 이를 '인정'이라고 했습니다. 오경에는 종을 33번 쳐서 통행금지가 풀렸음을 알렸는데, 이를 '파루'라 했습니다.

인정이 지난 통행금지 시간에 돌아다니다가 순찰을 도는 군졸에게 붙잡힌 사람은 순포막(지금의 파출소에 해당하는 곳)으로 끌려가서 호되게 심문을 당했지요. 죄가 없으면 파루의 종을 친 뒤에 풀어 주었습니다. 이렇게 순포막에 끌려가 심문을 받고 나오는 것을 '경을 치렀다'고 했습니다.

　오늘날은 큰 꾸지람이나 벌을 받는 경우에 '경을 치다'라는 말을 씁니다. 밤새 순포막에서 혹독한 심문을 당한 것처럼 말이지요.

　'경을 치다'는 말이 조선 시대 형벌의 하나인 자자(刺字)에서 유래되었다는 주장도 있습니다. 자자는 팔뚝이나 얼굴에 먹물로 죄명을 새기는 무서운 형벌인데, 이 형벌을 '경(黥)'이라고 불렀지요. 어떤 유래가 맞는지 정확히 가려낼 수는 없지만, '경을 치다'는 말은 어느 쪽이든 호된 꾸지람이나 심한 벌을 받는 것과 관련이 있습니다.

제야의 종은 왜 33번 칠까?

조선 시대에는 도성의 사대문과 사소문을 닫고 통행을 금지하기 위해 종을 쳤던 인정과, 통행금지를 해지하기 위해 종을 쳤던 파루 제도가 있었습니다. 인정에는 종을 28번, 파루에는 종을 33번 울렸는데, 이것은 옛 사람들의 우주관에 따른 풍습이었습니다. 종을 28번 울린 것은 우주를 이루고 있는 28개의 별자리에게 밤새 안녕을 지켜 달라는 뜻이었고, 33번 울린 것은 우주를 이루고 있는 33개의 하늘에 새로운 날의 평안을 바란다는 뜻이었지요. 지금도 12월 31일 자정이면 서울 종로에서 보신각종을 치는 '제야의 종' 행사를 가집니다. 이때 종을 33번 울리는데, 이는 온 우주에 새해의 안녕을 빌기 위한 것입니다.

물꼬를 트다

너희 둘은 언제까지 그렇게 원수처럼 지낼래?
아무나 먼저 손을 내밀어서 물꼬를 터야지.

보람이와 산하는 지난주에 크게 다툰 뒤, 일주일이 넘도록 서로 얼굴도 쳐다보지 않고 지냈습니다. 그러다 오랜만에 둘이 마주보고 앉아서 다정하게 이야기를 나누자 선생님이 말합니다.

"너희 둘이 드디어 물꼬를 텄구나."

물꼬는 논에 물을 대거나 빼려고 논두렁을 잘라 만든 좁은 통로를 말합니다. 도랑과 논 사이, 논과 논 사이에 물꼬가 있지요.

평소에는 물꼬를 흙으로 막아 둡니다. 그러다 논에 물을 대거나 뺄 때는 물꼬의 흙을 떠내어 물이 흐르도록 통로를 만들어 주지요.

농업용수가 부족하던 옛날에, 농부들은 새벽 일찍부터 물꼬를 보러 나갔습니다. 물이 부족하면 도랑의 물을 끌어오고, 비가 와서 물이 너무 많으면 밖으로 흘려 보내야 하니까요. 가뭄 때는 서로 먼저 자기 논에 물을 대려다가 이웃 사이에 큰 싸움이 일어나기도 했습니다.

'하지가 지나면 발을 물꼬에 담그고 잔다'는 속담이 있습니다. 하지는 양력 6월 21일경으로, 낮이 가장 긴 때입니다. 이 무렵에는 장마가 시작되므로 불어난 논의 물 때문에 논둑이 터지지 않게 하는 것이 중요합니다. 그래서 이 시기에는 농부들이 논에 붙어살다시피 해야 한다는 뜻이지요.

오늘날에는 막힌 관계를 열거나 어떤 일이 처음으로 시작될 때 '물꼬를 트다'라고 합니다. '그동안 경색되었던 남북 교류의 물꼬를 트다' 처럼 쓰이지요. 잘 모르는 사람과 말을 터서 친해지기 시작할 때도 '물꼬를 트다' 라고 합니다.

이십사절기란?

이십사절기란 해가 뜨는 위치를 기준으로 한 해를 스물넷으로 나눈 것입니다. 우리나라를 비롯한 중국, 일본, 베트남 등의 나라에서 쓰는 역법(曆法) 가운데 하나입니다. 계절별 이십사절기는 다음과 같습니다.

계절	월	절기	계절	월	절기
봄	2월	입춘, 우수	가을	8월	입추, 처서
	3월	경칩, 춘분		9월	백로, 추분
	4월	청명, 곡우		10월	한로, 상강
여름	5월	입하, 소만	겨울	11월	입동, 소설
	6월	망종, 하지		12월	대설, 동지
	7월	소서, 대서		1월	소한, 대한

어처구니없다

일찍 깨워 달래서 깨워 줬는데 도리어 신경질을 내다니, 참 어처구니없군!

사람들은 기가 막히고 어이가 없을 때, 흔히 '어처구니없다'고 말합니다. 그렇다면 '어처구니'는 무엇일까요?

국어사전에 따르면 어처구니는 '생각 밖으로 엄청나게 큰 사람이나 물건'이라고 합니다. 하지만 이 뜻풀이만으로는 유래를 제대로 알기 어렵습니다.

이 말 유래에는 여러가지 주장이 있습니다. 먼저 어처구니는 '맷돌을 돌릴 때 손으로 잡는 나무 손잡이'라는 주장입니다. 맷돌을 돌리려고 하는데 손잡이가 없어 난감한 상황에서 '어처구니없다'는 말이 생

겼다는 것이지요.

또 궁궐이나 성문의 추녀마루 위에 흙으로 빚은 사람이나 동물 모양의 장식물을 올리기도 하는데, 이 장식물을 우리말로 어처구니라고 했습니다. 이것들이 갑자기 없어져 당혹스러운 상황에서 '어처구니없다'는 말이 나왔다는 주장도 있습니다.

한편 전라도와 경상도 지방에서는 '어처구니없다'를 '얼척없다'고 합니다. '얼척'은 사람의 마음에 깃들어 있는 '얼'과 잣대를 뜻하는 '척(尺)'이 붙어서 이루어진 말로 추측할 수 있습니다. 마음의 잣대, 즉 분별력을 잃을 정도로 기가 막히고 어이없는 상황을 '얼척없다'라고 하는데, 이것이 '어처구니없다'는 말로 변했다는 주장입니다.

'어처구니없다'의 유래를 둘러싼 이런 주장들이 전혀 터무니없는 것은 아니지만 뚜렷한 근거는 없지요. 아직 어처구니의 정체는 뚜렷이 밝혀지지 않았습니다.

'터무니없다'는 무슨 뜻일까?

터는 본래 집이나 건축물을 세운 자리를 가리키는 말입니다. 집이 헐려도 보통 그 자리에는 주춧돌을 놓은 자리나 기둥을 세운 흔적 따위가 남아 있습니다. 하지만 아무 흔적이 남아 있지 않은 곳도 있습니다. 그런 경우에는 그 자리에 집이 있었는지 없었는지 도무지 알 길이 없습니다.

'무니'는 그런 흔적을 뜻하는 '무늬'가 변한 말입니다. '터무니'는 '터가 있던 흔적'을 말하지요. 터의 무늬가 없다는 것은 곧 근거가 없다는 말입니다. 그래서 내용이 허황되어 도무지 믿을 수 없을 때 '터무니없다'고 합니다.

을씨년스럽다

6학년 2학기 마지막 날이었다. 금방 눈이라도 쏟아져 내릴 듯, 날씨가 을씨년스러웠다.

한밤중입니다. 부슬부슬 비가 내립니다. 슬찬이는 사람의 발길이 끊긴 으슥한 길을 혼자서 걸어갑니다. 영화에서 본 귀신이 금방이라도 앞을 가로막을 듯합니다.

이처럼 음산하고 으스스한 느낌이 드는 날씨나 분위기를 '을씨년스럽다'고 합니다.

'을씨년스럽다'에서 '을씨년'은 '을사년'이 변한 말이라고 합니다. 을사년은 1905년을 말하는데, 일제가 우리나라와 강제로 '을사조약'

을 맺어 외교권을 빼앗은 해입니다.

나라를 빼앗긴 우리 민족은 울분이 솟구쳤을 것입니다. 가슴속에 슬픔과 허탈함도 가득했겠지요. 그래서 을사년의 분위기처럼 침통하고 쓸쓸하다는 뜻으로 '을씨년스럽다'는 말을 썼다고 합니다.

이 말은 일제 강점기인 1930년대에 발행된 국어사전에 '을시년스럽다'고 표기되어 있습니다. 그러다 해방 뒤인 1950년대의 국어사전에 처음으로 '을씨년스럽다'는 말이 실립니다. 일제 강점기에는 일본 침략자들의 눈치를 보느라 '을사년'을 '을시년'으로 살짝 바꾸어 썼을지도 모릅니다. 해방 뒤에는 '을시년'이 '을씨년'으로 자연스럽게 변했을 것이라고 추측할 수 있지요.

한편, 살림이 매우 가난한 모양을 '을씨년스럽다'고 말하기도 합니다. 을사년 당시 지독하게 가난했던 나라와 백성의 형편을 떠올리게 하는 말이지요.

'을사조약'이 뭐지?

1904년 2월, 일본과 러시아 사이에 러·일 전쟁이 일어납니다. 그 전쟁에서 승리한 일본은 우리나라에 내정 간섭을 하기 시작하지요.
그러던 1905년(을사년) 11월, 일본이 한국의 외교권을 빼앗기 위해 강제로 '제2차 한일협약'을 체결합니다. 이때부터 대한 제국은 국제 사회에서 독립 국가로 인정을 받지 못하게 되고, 사실상 일본의 통치를 받게 되었습니다.
이를 흔히 '을사조약'이라고 합니다. 이렇게 치욕적인 을사조약에 찬성해 나라를 판 이완용, 이근택, 이지용, 박제순, 권중현 등 5명의 대신을 '을사오적'이라고 부릅니다.

안성맞춤이다

| 회색 바지에는 그 하얀 셔츠가 딱 안성맞춤이다.

기쁨이는 할머니 생신 선물을 포장할 상자를 찾고 있습니다. 어떤 상자는 너무 크고, 어떤 것은 너무 작아서 선물이 들어가지 않습니다. 그때 아빠가 어디선가 종이 상자 하나를 꺼내 왔습니다. 그 상자에 선물을 넣었더니 빈틈없이 딱 들어갑니다. 아빠가 기쁜 목소리로 말합니다.

"딱 안성맞춤이구나!"

그런데 안성맞춤이 무슨 뜻일까요?

안성맞춤은 원래 경기도 안성 땅에서 만든 유기(鍮器), 즉 놋그릇을 이르는 말이었습니다.

안성 놋그릇은 장에 내다 파는 기성품인 '장내기'와 주문을 받아 만드는 '맞춤'이 있었습니다. 장내기는 주로 서민들이 시장에서 사다 쓰는 놋그릇이고, 맞춤은 방귀깨나 뀌는 서울 양반집이나 관청의 주문을 받아 만드는 놋그릇입니다.

서울 양반집 마님들은 취향이 여간 까다로운 게 아니었습니다. 까다로운 요구에 맞추어 정성껏 놋그릇을 만들다 보니 안성의 '맞춤' 놋그릇은 점점 질이 좋아졌습니다. 그래서 명품 대접을 받게 되었고, 여기서 안성맞춤이라는 말이 나왔습니다.

바라던 대로 물건이 아주 잘 만들어졌거나, 어떤 상황에 딱 들어맞게 일이 잘 되었을 때 '안성맞춤이다'라고 합니다. 제 짝이 아닌 것을 갖다 맞추었는데 매우 잘 맞아떨어질 때 흔히 쓰는 익은말이지요.

1945년 무렵 안성에는 스무 개가 넘는 유기 공장이 있었다고 합니다. 하지만 스테인리스나 도자기 그릇에 밀려 놋그릇의 인기가 떨어지면서 지금은 유기 공방이 딱 한 군데 남아 있습니다. 다행히 안성 놋그릇 만드는 기술은 중요 무형 문화재로 지정되어 오늘날에도 명맥을 이어가고 있습니다.

참고로 조선 시대까지만 해도 안성장은 대구장, 전주장과 함께 조선의 3대 장으로 불릴 만큼 규모가 컸다고 합니다. 교통의 요지였던

안성장은 경상도, 전라도, 충청도의 삼남 지방 문화가 모여 서울로 이동되던 길목이라 많은 상인들이 모여들었습니다. 장에서 파는 물건의 종류도 다양해 '서울보다 두세 가지가 더 있다'는 말이 있을 정도였다고 합니다.

질그릇 깨고 놋그릇 장만하다!

우리 조상들이 즐겨 썼던 그릇에는 질그릇, 사기그릇, 놋그릇이 있습니다. 질그릇은 진흙으로 만든 그릇입니다. 흔히 볼 수 있는 항아리나 시루, 단지 등이 질그릇이지요.

오늘날 우리가 밥그릇이나 국그릇으로 많이 쓰는 사기그릇은 고령토나 장석, 석영 따위의 돌가루로 희고 매끄럽게 만든 그릇입니다.

놋그릇은 놋쇠로 만든 그릇인데, 한자로 유기라고 합니다. 그중에서도 망치로 수백 번 두드려서 늘여가며 만든 '방짜유기'는 잘 휘거나 깨지지 않고 빛깔이 좋아서 가장 인기 있었습니다.

우리 조상들은 질그릇보다는 사기그릇을, 사기그릇보다는 놋그릇을 더 좋아했습니다. 그래서 '질그릇 깨고 놋그릇 장만하다'는 속담도 있지요. 흔한 것을 잃고 귀한 것을 얻게 되었다는 뜻입니다.

세계사 지식을 넓히는 익은말

유토피아 | 마녀사냥 | 지킬박사와 하이드 | 머피의 법칙 | 들러리 서다 | 월계관을 쓰다 | 삼십육계 줄행랑 | 배수진을 치다 | 마지노선 | 냉전 | 개가를 올리다 | 단두대의 이슬로 사라지다 | 면죄부를 주다 | 장사진을 이루다 | 아성을 무너뜨리다 | 루비콘 강을 건너다 | 제로섬 게임 | 철의 장막 | 교두보를 마련하다 | 유레카

유토피아

〈웰컴 투 동막골〉이라는 영화는 6·25 전쟁을 다루고 있지만, 전쟁보다는 정치적 이해관계가 없는 유토피아를 그리고 있다.

사람이 생각할 수 있는 가장 살기 좋은 세상을 '이상향'이라고 합니다. 모두가 행복한 사회를 말하지요. 《홍길동전》에 나오는 율도국이나 중국 옛이야기에 나오는 무릉도원, 고대 그리스 사람들이 꿈꾼 엘리시온 따위가 이상향입니다.

'유토피아'는 그리스 어에서 유래한 말로, 원래의 뜻은 '어느 곳에도 없는 나라'입니다. 그런데 토마스 모어의 소설 제목으로 쓰이면서 '이상향'을 뜻하는 말로 널리 쓰이게 되었습니다.

소설 《유토피아》는 1부와 2부로 나뉩니다. 1부에서는 세 사람의 대화를 통해 중세 영국의 암담한 현실을 풍자적으로 비판하고 있습니

다. 그리고 2부에서는 '히슬로데이'라는 사람이 여행하고 왔다는 섬나라 유토피아의 이야기를 들려주는데, 다음과 같습니다.

유토피아에서는 모든 사람들이 돌아가면서 농사를 짓는데, 하루에 6시간만 일을 합니다. 당시 영국의 노동자들에 비하면 그 절반만 일하는 셈이지요. 하지만 왕이나 귀족처럼 놀고먹는 사람 없이 모두가 일을 하기 때문에 필요한 것들을 충분히 만들어 낼 수 있습니다.

또 유토피아에는 개인 소유의 재산이 없습니다. 대신 시장의 큰 창고에 여러 가지 물건이 쌓여 있어서 누구든 그 물건을 필요한 만큼 자유롭게 꺼내어 쓸 수 있습니다. 그렇기 때문에 유토피아에서는 도둑질 같은 범죄가 일어나지 않지요.

소설 속의 유토피아에 비하면, 당시 영국을 비롯한 유럽의 농민들은 살기가 무척 힘들었습니다. 부패하고 타락한 당시 귀족들을 비판하기 위해 토마스 모어는 유토피아를 그려낸 것입니다.

유토피아의 반대는 디스토피아?

유토피아와 정반대로, 암울하고 끔찍한 세상을 디스토피아라고 합니다. 역(逆)유토피아라고도 하지요. 조지 오웰의 《1984년》은 디스토피아 세계를 잘 그린 소설로 유명합니다. 또 올더스 헉슬리의 《멋진 신세계》도 디스토피아를 다룬 작품이지요.

원자력 발전소의 위험이나 지구 온난화로 인한 기후 변화 등 최악의 상황을 다루는 디스토피아 작품은 '이대로 가다간 이런 끔찍한 세상이 될 것'이라는 경고를 주기 위해 만듭니다.

마녀사냥

한 친구의 지갑이 없어지자 아이들은 따돌림을 받던 유정이가 훔쳐 갔을 거라며, 아무 증거도 없이 마녀사냥을 벌였다.

유럽의 옛이야기에 나오는 마녀는 사람에게 해를 끼치는 존재입니다. 물론 실제로 마녀는 없습니다. 그렇다면 '마녀사냥'이라는 말은 어떻게 생겼을까요?

중세 시대에는 유럽 대부분의 나라가 종교와 신앙의 자유가 없었습니다. 나라에서 정한 종교를 믿지 않는 사람은 이단자라며 범죄자로 취급당하고 종교 재판에서 끔찍한 벌을 받았습니다.

15세기 무렵, 유럽에서는 지루한 종교 전쟁이 계속되고 흉년이 이어지는 데다 '페스트'라는 무시무시한 질병까지 퍼지자 이상한 소문이 퍼집니다.

"세상이 이렇게 된 건 악마가 몰래 마법을 부려 교회에 대항하기 때문이다."

이성을 잃은 사람들은 마녀를 찾아내어 종교 재판을 연 뒤, 불에 태워 죽이는 형벌인 화형에 처했습니다. 어떤 여성이든 한번 마녀로 지목되면 죽음을 피하기 어려웠지요. 그렇게 희생된 여성들 중에는 정치가의 부인도 있었고, 어린 소녀들도 있었습니다. 그들이 마녀라는 증거는 협박과 고문에 의한 자백뿐이었습니다.

이렇게 14세기에서 17세기까지 유럽의 여러 나라와 교회가 이단자를 마녀로 판결해 화형에 처하던 것을 마녀사냥 혹은 마녀재판이라고 합니다.

오늘날에는 사회 분위기가 어수선할 때 다수에 의해 죄 없는 개인이 희생되는 것을 비유적으로 마녀사냥이라고 합니다. 마녀사냥의 대표적인 희생자는 프랑스의 애국 소녀 잔 다르크입니다.

잔 다르크는 왜 '마녀'가 되었을까?

1337년 프랑스 왕위 계승권 분쟁으로 프랑스와 영국 사이에 벌어진 백 년 전쟁은 1453년까지 116년 동안이나 계속되었습니다. 오랜 전쟁으로 프랑스 땅이 피폐해졌을 무렵 프랑스를 위기에서 구한 소녀가 잔 다르크입니다. 전쟁이 끝난 후 잔 다르크의 인기가 치솟자 프랑스 왕가의 사람들은 그녀를 질투합니다. 잔 다르크는 끝내 종교 재판에서 마녀로 낙인찍혀 화형을 당합니다.

지킬 박사와 하이드

단맛을 내는 식품 첨가물이 들어간 음식을 많이 먹으면 지킬 박사와 하이드처럼 성격이 갑자기 폭력적으로 변할 수 있다고 한다.

학식도 높고 선량한 헨리 지킬 박사는 인간에게 선한 본성과 악한 본성 두 가지가 있다고 생각합니다. 여기까지는 누구나 흔히 할 수 있는 생각이지요. 그런데 이 호기심 많은 박사는 선과 악을 분리시킬 수 있다는 엉뚱한 상상을 하게 됩니다. 오랜 실험 끝에 박사는 드디어 선과 악을 분리하는 약품을 발명합니다.

그 뒤 지킬 박사는 스스로 약을 먹고 자신의 악한 본성을 일깨워 무서운 범죄를 저지르는 인간으로 변합니다. 지킬 박사의 분신이라 할 수 있는 악당이 동네를 돌아다니며 범죄를 저지르는 것이지요. 사람들은 그의 행적을 열심히 쫓지만, 악당은 항상 어디론가 감쪽같이 숨어 버립니다. 그래서 사람들은 그를 '숨는다'는 뜻을 가진 영어인

'하이드'라고 부릅니다.

한편, 약품 사용이 잦아지면서 지킬 박사는 하이드의 모습에서 자유로움을 느끼고, 교양 있고 근엄하기만 한 지킬 박사의 모습에 싫증을 냅니다. 지킬 박사는 점점 하이드의 세계에 빠져 들다가 양심의 가책을 느껴 결국 자신의 실험실에서 자살을 합니다.

이 이야기는 인간의 이중인격을 기발한 상상력으로 펼쳐 낸 《지킬 박사와 하이드》라는 소설의 내용입니다. 《보물섬》으로 유명한 작가인 로버트 스티븐슨이 1886년에 발표한 작품이지요. 이 소설은 1931년에 흑백 영화로 만들어져 인기를 끌었고, 그 뒤에도 영화나 뮤지컬로 꾸준히 재탄생하고 있습니다.

나온 지가 백 년도 훨씬 넘은 이 소설이 지금도 널리 읽히는 까닭은 사람들 대부분이 지킬 박사와 하이드처럼 이중성을 가지고 있기 때문일 것입니다.

로버트 스티븐슨의 소설 제목이었던 '지킬 박사와 하이드'는 한 사람이 극단적인 두 가지 얼굴을 가지고 있는 것, 즉 이중인격자를 뜻하는 말로 쓰이고 있습니다.

머피의 법칙

비가 와서 소풍을 못 가고 학교로 가는데 자동차가 내게 물벼락을 퍼붓고 지나갔다. 수업 시간에 선생님은 내가 모르는 내용만 질문하셨다. 머피의 법칙에 걸린 하루였다.

우산을 깜박하고 가져오지 않은 날에는 비가 오더니, 기껏 우산을 챙겨 온 날에는 비가 오지 않을 때가 있습니다. 이처럼 어떤 일이 좀처럼 좋게 풀리지 않고 갈수록 꼬이는 경우를 '머피의 법칙'이라고 합니다.

이 말은 미국 에드워드 공군 기지에 근무하던 머피 대위가 한 말에서 비롯되었습니다. 1949년 미 공군에서 충격 완화 장치를 개발하기로 했습니다. 속도가 갑자기 멈췄을 때 몸 상태가 어떻게 변하는지 알아보는 실험을 했는데 모두 실패하고 말았습니다. 나중에 알고 보니 한 기술자가 조종사의 몸에 전극을 잘못 연결해 생긴 일이었습니다. 작은 실수가 큰 실험을 망쳐 버린 것이지요. 그때 머피 대위가 이렇게 말했습니다.

"일을 하는 데는 여러 가지 방법이 있는데, 어떤 사람들은 꼭 잘못되는 방법만 선택하지."

그 뒤부터 사람들은 하필이면 결과가 좋지 않은 일을 선택했을 때, 머피 대위가 한 말을 자주 쓰게 되었습니다. 그래서 '머피의 법칙'이

라는 말이 생기게 된 것이지요.

 '머피의 법칙'과는 반대로, 자신에게 이로운 일이 연달아 일어나는 경우도 있습니다. 이런 경우는 '샐리의 법칙'이라고 합니다.

 '머피의 법칙'이나 '샐리의 법칙'은 과학적으로 검증된 법칙이 아닙니다. 나쁜 일만 일어나는 사람도 없고, 좋은 일만 계속 일어나는 사람도 없습니다. 다만 뇌의 착각 때문에 그렇게 느끼는 것일 뿐이지요.

 ### 샐리의 법칙에서 '샐리'는 누구지?

어떤 일이 우연히 자신에게 유리한 쪽으로 연달아 일어나는 경우를 '샐리의 법칙'이라고 합니다. 예를 들면 약속 시간에 늦어 헐레벌떡 뛰어갔더니, 상대방이 자신보다 약간 늦게 와서 미안하다고 말하는 경우지요.
 '샐리'는 〈해리가 샐리를 만났을 때〉라는 영화의 여주인공 이름입니다. 영화 속 남녀 주인공은 매번 인연이 어긋나는 것처럼 보이지만 결국 행복한 결말을 맞이합니다.

들러리 서다

인기가 많은 아이에게는 꼭 그 옆에서 들러리 서는 아이들이 있는 것 같다.

'들러리'는 '들러붙다'에서 나온 말로, 결혼식을 할 때 신부나 신랑을 거들어 주는 사람을 말합니다. 들러리는 신랑, 신부를 예식장으로 인도하면서 자질구레한 일을 도와주지요. 우리나라 전통 혼례식에서도 신부가 큰절을 할 때 좌우에서 거들어 주는 들러리가 있었습니다. 요즘에는 예식장 직원이 들러리 일을 맡아서 하는 경우가 많지요.

미국의 결혼식에서 들러리의 역할은 꽤 중요하다고 합니다. 신랑 들러리의 가장 중요한 일은 결혼반지를 들고 줄곧 신랑 옆에 있다가, 신부에게 반지 끼워 주는 순서가 되면 신랑에게 반지를 건네주는 일을 합니다. 얼핏 보기에는

시시해 보이지요? 하지만 그날 결혼식의 가장 확실한 증인이라는 뜻도 담겨 있습니다. 신부의 들러리는 신부의 뒤를 따라 함께 입장을 하고, 그런 다음 줄곧 신부 옆에 서 있습니다.

여기에서 비롯되어 어떤 일을 할 때 일의 주체나 주인공이 되지 못하고 곁따르는 처지가 되었을 때 '들러리 서다'라고 합니다.

예를 들어 학교에서 학급 대항 축구 경기가 열렸는데, 골을 넣은 친구만 반 아이들의 칭찬과 찬사를 받는다면 함께 열심히 뛴 다른 선수들은 그 친구의 '들러리를 선' 기분이겠지요.

결혼식 때 왜 들러리를 세울까?

고대 로마 시대부터 서양인들은 결혼식의 주인공인 신부가 귀신들의 질투를 받을 수 있다고 생각했습니다. 결혼식 날 행복해하는 신부에게 여러 귀신들이 나쁜 마법을 걸어 해코지를 한다고 생각한 것이지요. 그래서 신부와 똑같은 복장을 한 여자들을 신부 주위에 세워 귀신들을 헷갈리게 했다고 합니다. 이 관습이 터무니없는 것만은 아니었습니다. 신부에게 구혼했다가 거절당한 남자가 앙심을 품고 있다가 결혼식 날 신부를 납치하는 소동이 종종 있었기 때문입니다. 그 때문에 유럽에서는 중세 이후부터 신부의 들러리를 세우는 전통이 생겼다고 합니다. 일종의 경호원이었던 셈이지요.

월계관을 쓰다

그 선수는 지난 4년 동안 피눈물 나는 노력을 해 올림픽에서 마침내 승리의 월계관을 썼다.

마라톤은 올림픽의 꽃이라고 불리며, 주로 대회의 가장 마지막에 펼쳐집니다. 그리고 마라톤 우승자에게는 '월계관'을 씌워 주는 전통이 있습니다. 월계관은 월계수 가지와 잎으로 만든 관입니다. 왜 우승자에게 월계관을 씌워 주는 것일까요?

고대 그리스 신화에 따르면 태양의 신이자 문학과 음악의 신인 아폴론은 요정 다프네를 보고 한눈에 반합니다. 아폴론은 다프네를 끈질기게 뒤쫓지만 다프네는 아폴론을 피해 달아나기만 하지요. 마침내 아폴론에게 잡히려는 찰나 다프네는 아버지인 강의 신에게 도움을 청

해 월계수로 변합니다. 그러자 슬픔에 빠진 아폴론은 다프네를 기억하기 위해 푸른 월계수 잎을 늘 몸에 지니고 다닙니다.

아폴론은 올림픽을 대표하는 신이 되었고, 월계관은 명예와 영광의 상징이 되었지요. 고대 그리스에서는 신전 앞에서 벌어지는 운동 경기나 시와 노래 따위를 겨루는 대회에서 우승한 사람에게 월계관을 씌워 주었습니다. 그 전통이 이어져 지금도 올림픽의 꽃인 마라톤 우승자에게 월계관을 씌워 주는 것입니다.

오늘날 대회에서 승리해 우승자가 되거나 어떤 분야에서 최고가 되었을 때 '월계관을 쓰다'라고 합니다.

월계수 가지를 구하기 어려울 때는 종려나무나 올리브나무 잎을 대신 쓰기도 했습니다. 1936년 베를린 올림픽에서는 경기의 우승자들에게 월계관과 떡갈나무를 심은 화분을 주기도 했습니다.

올림픽은 왜 평화의 제전일까?

고대 올림픽은 서기전 776년 고대 그리스에서 시작되었습니다. 펠로폰네소스 반도의 북동쪽 엘리스 지방 올림피아에서 처음 대회가 열린 이후, 4년마다 경기가 펼쳐져 총 293회나 열렸습니다. 고대 그리스는 작은 도시 국가들로 이루어져 있었는데, 올림픽 기간에는 모든 국가들이 전쟁을 멈추고 평화를 유지했다고 합니다. 그래서 올림픽을 평화의 제전이라고 부르지요.
근대 올림픽은 19세기 말 프랑스의 쿠베르탱 남작의 노력으로 부활되었고, 제1회 대회를 1896년 그리스의 아테네에서 개최했습니다.

삼십육계 줄행랑

날마다 학교 앞에서 우리를 괴롭히던 형들이 선생님을 보자 삼십육계 줄행랑을 놓았다.

옛날 중국에는 전쟁이 그칠 날이 없었습니다. 워낙 땅이 넓다 보니 여기저기서 온갖 무리들이 영토를 넓히려고 끊임없이 싸움을 벌였기 때문이지요. 그래서 싸우는 방법을 알려 주는 책이 많았는데, 그중에 가장 유명한 책이 오나라 때 손무가 쓴 《손자병법》과 작가를 알 수 없는 《삼십육계》라는 책입니다.

《삼십육계》는 옛부터 전해지는 중요한 병법들을 모아 놓은 책입니다. 누가, 언제 만들었는지 모르지만 싸우는 방법만이 아니라 세상을 살아가는 데 도움이 되는 이야기도 들어 있어서 많은 사람들이 읽었다고 합니다.

《삼십육계》에서 마지막 36번째 병법은 '주위상(走爲上)'입니다. 싸움에서 이런저런 방법이 모두 통하지 않으면 도망치는 것이 가장 좋은 방법이라는 뜻입니다.

'줄행랑'은 '줄행랑을 놓다'에서 온 말로, '급하게 도망을 치다'는 뜻의 익은말입니다. 원래 줄행랑은 한옥에서 솟을대문 좌우에 줄처럼 길게 늘어선 행랑채를 말합니다. 행랑채에는 주로 집안의 노비나 머슴들이 살았지요. 줄행랑이 어떻게 해서 '도망치다'라는 뜻으로 쓰이게 되었는지는 정확하게 알 수 없습니다. 다만 고약한 주인 밑에서 고통을 받던 노비가 밤에 줄행랑을 뒤로 하고 도망치는 모습과 관련이 있을 것으로 짐작은 되지요.

삼십육계와 줄행랑이 합쳐서 생긴 '삼십육계 줄행랑'은 위험이 닥쳐 매우 급하게 몸을 피하거나 도망치는 것을 뜻합니다.

하지만 잘 싸우는 방법보다 중요한 것은 평화롭게 어울려 사는 지혜를 배우는 것이겠지요.

후퇴도 싸우는 방법이다!

삼십육계는 전쟁을 할 때 상황과 조건에 따라 쓸 수 있는 계략을 설명하고 있는 책입니다. 서른여섯 가지의 계략 중 31계인 '미인계'와 36계인 '주위상'이 유명합니다.

미인계는 미녀를 이용해 적을 대하는 병법이고, 주위상은 도망치는 것이 최고라는 병법입니다. 즉, 전략상 후퇴를 말하는 것이지요.

배수진을 치다

운동회 날 오전 내내 지기만 한 우리 청팀은,
오후에 시작된 축구 경기에서 배수진을 치고 시작했다.

　배수진(背水陳)은 전쟁터에서 싸움을 할 때 '등 뒤(背)에 물(水)을 두고 진(陳)을 친다'는 뜻으로, 중국의 고대 역사책인 《사기》에 나오는 말입니다.

　중국 한나라의 명장 한신은 204년 수만 명의 군사로 조나라를 공격했습니다. 오랜 전쟁을 치르느라 전력이 약해진 한신의 군사가 조나라의 20만 대군을 치는 것은 어려운 일이었습니다. 그래서 한신은 치밀한 전략을 세웁니다.

한신은 기병 2천 명을 뽑아 조나라 성 뒤편으로 가서 숨게 했습니다. 또 나머지 병사들은 뒤로 물러설 수 없도록, 강을 등진 곳에 진을 치고 조용히 기다리게 했지요. 그런 다음 발 빠른 병사 1만여 명을 거느리고 조나라의 성을 정면으로 공격했습니다.

한나라 군사가 겨우 1만여 명밖에 안 되는 것을 본 조나라 군사들은 성문을 열고 우르르 쏟아져 나와 싸웠습니다. 한신은 싸우는 척하다가 배수진 쪽으로 후퇴했습니다. 그러자 기세가 등등해진 조나라 군사들은 맹렬히 쫓아왔지요.

거짓으로 쫓기던 한나라 군사들은 어느덧 배수진에 이르렀고, 기다리고 있던 우군과 합세합니다. 한신은 모든 군사들에게 대대적인 반격을 명했습니다. 한나라 군사들은 죽기 아니면 살기로 싸웠습니다. 등 뒤에 강물이 흐르고 있어서 도망갈 길이 없었기 때문이지요.

당황한 조나라 군사들은 무너지기 시작했습니다. 결국 조나라 군사들은 성으로 후퇴했습니다. 하지만 성 안에는 이미 한나라의 붉은 깃발이 휘날리고 있었습니다. 조나라 군사들이 성을 비운 사이에, 성 뒤에 숨어 있던 한나라 기병들이 성을 차지해 버렸던 것이지요. 이것이 바로 한신의 배수진 전략입니다.

'배수진을 치다'는 물을 등지고 진을 친다는 말로, 어떤 일을 성취하기 위해 더 이상 물러설 수 없음을 비유적으로 이르는 말입니다.

마지노선

> 주식 시장은 오늘 개장하자마자 50포인트 이상 떨어지면서 마지노선으로 여겼던 1600선이 맥없이 무너졌다.

1914년 7월, 오스트리아가 세르비아에 선전 포고를 하면서 제1차 세계 대전이 일어납니다. 이 전쟁은 영국·프랑스·러시아 등의 연합국이 독일·오스트리아 동맹국과 싸우다가 1918년 11월, 독일의 항복으로 끝이 났지요. 하지만 언제 다시 전쟁이 터질지 몰라 유럽 나라들은 긴장감을 늦추지 않았습니다.

독일과 이웃한 프랑스는 1927년부터 독일과 인접한 국경을 따라 길고 긴 요새를 만들기 시작합니다. 공사는 10년이나 걸렸습니다. 포탄에도 끄떡없는 지하 시설을 만들고, 독일 전차를 공격할 무기도 갖추었지요. 중국의 만리장성에는 못 미치지만, 요새의 길이는 750킬로미터나 되었습니다. 서울에서 땅끝 해남까지 갔다가 다시 대전까지 돌아올 수 있는 거리였지요. 사람들은 그 요새를 '마지노선'이라 불렀습

니다. 당시 프랑스 육군 장관이던 앙드레 마지노라는 사람이 공사를 맡아서 이끌었기 때문이지요.

그토록 공들여 만든 마지노선이 있으니, 프랑스는 안심을 했겠지요. 하지만 프랑스 사람들의 예상은 빗나갔습니다. 제2차 세계 대전 때 독일의 전차 부대가 벨기에를 먼저 공격한 다음, 벨기에를 거쳐 프랑스로 쳐들어 왔기 때문입니다. 결국 마지노선은 무용지물이 되고 말았지요.

오늘날 어떤 경쟁이나 협상에서 더 이상 물러날 수 없는 선을 마지노선이라고 합니다. 또 그런 상황을 만드는 것을 '마지노선을 긋다'라고 합니다.

중국 고사에서 비롯된 익은말 '배수진을 치다'와 비슷한 뜻이지요.

 **마지노선과 배수진의 차이는?**

마지노선은 적이 쳐들어올 수 없도록 견고하게 둘러친 방어선을 말합니다. 반면에 배수진은 자기편이 뒤로 물러날 수 없도록 스스로 만든 것입니다. 마지노선은 적이 오는 길을 막은 것이고, 배수진은 우리 편이 물러날 길을 막은 것입니다.

마지노선에는 싸움이 일어나지 않게 해서 목숨을 지키겠다는 의지가, 배수진에는 절대 물러나지 않고 죽을 각오로 싸우겠다는 의지가 들어 있습니다.

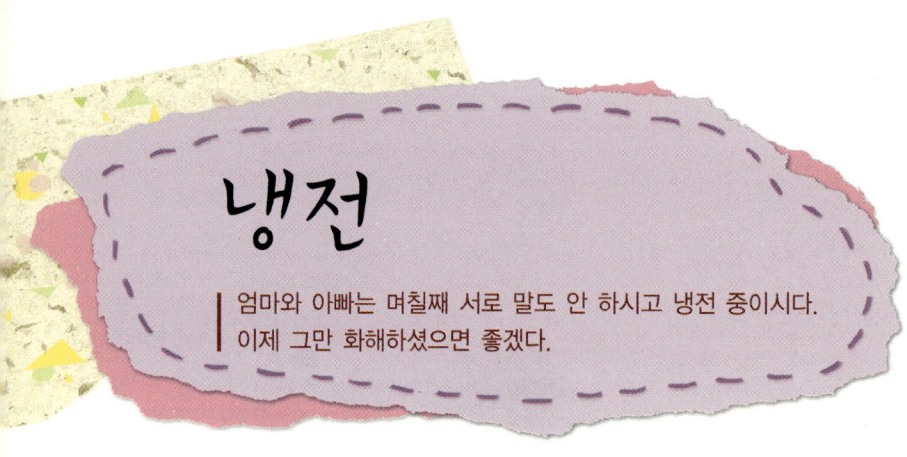

냉전

엄마와 아빠는 며칠째 서로 말도 안 하시고 냉전 중이시다.
이제 그만 화해하셨으면 좋겠다.

냉전이라는 말을 곧이곧대로 풀면 '차가운 전쟁'이라는 뜻입니다. 전쟁에 차가운 전쟁, 뜨거운 전쟁이 있는 것일까요?

냉전은 무력을 사용하지 않고 경제·외교·정보 따위를 수단으로 하는 국제적 대립을 말합니다. 특히 제2차 세계 대전 이후 사회주의 국가와 자본주의 국가가 여러 가지 방법으로 서로 위협하며 대립하던 상황을 일컫습니다. 실제로 싸우는 것은 뜨거운 전쟁이라 할 수 있습니다.

제2차 세계 대전 이후 전쟁에서 진 독일과 일본은 항복합니다. 미

국, 소련 등의 국가는 독일을 나누어서 관리하지요. 하지만 미국, 소련이 서로 대립하면서 독일은 동독과 서독으로 분단됩니다.

냉전으로 국토가 분단되기는 우리나라도 마찬가지였습니다. 우리나라를 강제로 점령했던 일본도 항복하면서 우리나라에서 물러갔지만, 미국과 소련이 위도 38도선을 경계로 각각 남한과 북한을 점령했습니다. 일본군의 무장을 해제시키고 사회 질서를 바로잡겠다는 명분이었지요. 하지만 독일과 마찬가지로 우리나라도 북한에는 공산주의 체제가, 남한에는 자본주의 체제가 들어서고 말지요.

미국의 평론가 리프먼은 1947년에 당시의 국제 정세를 밝힌 논문을 발표했는데, 논문의 제목이 〈냉전〉이었습니다. 이어 미국 대통령의 고문인 버나드 바루크가 의회에서 이 말을 소개하면서 냉전이라는 말이 널리 쓰이게 되었습니다.

그 당시에 냉전 중이던 국가들은 무력으로 충돌한 적은 없었습니다. 다른 국가들과 군사 동맹을 맺어 힘을 키우거나 핵무기를 만들어 경쟁하고, 우주선을 개발하는 등 기술 개발 경쟁을 벌였지요. 1991년 소련이 붕괴되면서 냉전은 끝이 났고, 러시아가 힘을 잃어 미국이 세계 초강대국이 되었습니다.

오늘날 서로 냉랭하게 대립하는 상황을 비유적으로 '냉전'이라고 말합니다.

개가를 올리다

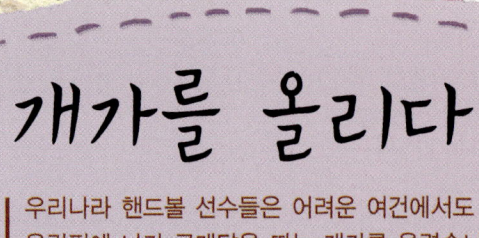

우리나라 핸드볼 선수들은 어려운 여건에서도 올림픽에 나가 금메달을 따는 개가를 올렸습니다.

'개가'는 '개선가'를 줄인 말로, 싸움에서 이기고 돌아온 것을 기념해 사람들이 지르는 함성이나 노래를 말합니다.

고대 로마 사람들은 전쟁을 많이 일으켰습니다. 전쟁에서 진 나라의 물건을 빼앗고 사람들을 노예로 만들기 위해서였지요. 로마에서는 싸움에서 이기고 돌아온 장수와 병사들을 위해 개선식을 열었습니다. 개선가가 울리면 전쟁에서 이긴 장군은 머리에 월계관을 쓰고, 말 네 마리가 이끄는 전차에 올라 행진을 했습니다.

서양 고전 음악 중에는 개선식의 광경을 표현한 작품도 있습니다. 베르디의 오페라 〈아이다〉에 나오는 '개선 행진곡'이 대표적입니다.

'개가를 올리다'는 원래 전쟁에서 이기고 돌아온 사람들을 위해 함성을 지르며 노래를 부르는 것을 뜻했습니다. 지금은 어떤 일에서 큰 성과를 거두었을 때 '개가를 올렸다'라고 합니다.

유럽의 여러 나라에서는 개선장군을 기리기 위해 개선문을 세우기도 했습니다. 로마의 콘스탄티누스 개선문, 프랑스의 에투알 개선문, 베를린의 브란덴부르크 개선문 등이 그것입니다. 전쟁에서 이긴 장군과 군사들은 개선문을 지나 행사장으로 행진했지요.

우리나라도 전쟁에서 이기고 돌아온 장병들을 위해 개선식을 열었다는 기록이 남아 있습니다. 장수와 병사들이 돌아오는 길목에 백성들이 마중을 나가서 피리를 불고 북을 치면서 한바탕 풍악을 울려 주었지요. 하지만 우리 민족은 예로부터 전쟁을 좋아하지 않았기 때문에 개선식도 소박하게 치렀습니다.

'개선 행진곡'은 어떤 음악일까?

이탈리아의 작곡가 베르디는 고대 이집트 장군 라다메스와 적국의 공주 아이다의 운명적인 사랑을 그린 4막 7장의 오페라 〈아이다〉를 만들었습니다. 작품 제2막 2장에서 이집트 군대가 승리해 개선할 때 군중들이 축하하며 부르는 혼성 합창이 바로 '개선 행진곡' 입니다.

▲ 에투알 개선문

단두대의 이슬로 사라지다

라부아지에는 위대한 화학자였지만 세금 징수원이었다는 이유로
프랑스 혁명 때 단두대의 이슬로 사라졌다.

단두대는 사형을 집행할 때 사람의 목을 단번에 자르는 무시무시한 기구입니다. 단두대를 만든 목적이 처형당하는 사람의 고통을 줄여 주기 위해서라고 합니다. 그전에는 칼이나 도끼로 사형을 집행했는데, 사형수에게 더 긴 고통을 주는 경우가 많았다고 합니다.

단두대에 올라 사형을 당하는 경우를 흔히 '단두대의 이슬로 사라지다'라고 합니다. 이와 비슷한 뜻으로 '형장의 이슬로 사라지다'라는 표현도 있습니다. 그런데 왜 이슬로 사라진다는 표현을 쓰게 되었을까요?

이슬은 보통 맑은 날 이른 아침에 풀잎에 맺혀 있습니다. 그러다가 해가 뜨면 증발되면서 흔적도 없이 사라지지요. 사형 집행도 주로 아침 해가 뜰 무렵에 이루어졌습니다. 풀잎에 맺힌 아침 이슬이 사라질 무렵, 단두대에 올랐던 사람의 목숨도 이슬처럼 사라진 것이지요.

원래 '단두대에서 이슬처럼 사라지다'라고 해야 정확한 표현입니다. 그것을 문학적인 표현으로 '단두대의 이슬로 사라지다'라고 하게 된 것입니다.

'단두대의 이슬로 사라지다'는 말은 덧없이 사라져 간 억울한 죽음에 어울리는 표현입니다.

이와 비슷한 말로 '형장의 이슬로 사라지다'라는 것이 있습니다. 형장은 사형장을 말합니다. 독립 만세 운동에 앞장섰던 유관순이나 조선 침략의 원흉인 이토 히로부미를 처단한 안중근은 형장의 이슬로 사라지고 말았지요.

단두대를 왜 '기요틴'이라고 할까?

단두대는 '기요틴'이라고도 부릅니다. 기요틴은 '기요탱'이라는 사람 이름에서 따온 것입니다. 프랑스 혁명이 일어난 1789년, 의사 기요탱은 죄수의 고통을 줄여 주기 위해 기존 단두대의 개선을 제안했습니다. 기요탱의 제안대로 새로운 단두대가 만들어지자 사람들은 그것을 기요틴이라 부르기 시작했습니다. 기요탱 박사는 자기 이름이 이 기구에 붙는 것을 반대했지만 기억하기 쉽다는 이유로 언론에서 쓰기 시작해, 전 세계로 퍼지게 되었다고 합니다.

면죄부를 주다

정부는 온실 가스 감축 정책을 후퇴시켜 화석 연료를 대량으로 사용하는 대기업들에게 면죄부를 주었다.

가톨릭에서는 신자가 지은 죄를 뉘우치고 신부를 통해 하느님께 고백을 하면 죄를 용서받는다고 합니다. 이것을 '고해 성사'라고 하지요. 하지만 고해 성사를 해도 지은 죄의 벌은 남게 됩니다. 일정한 기간 동안 기도를 하거나 착한 일을 해서 그 값을 치러야 하지요.

16세기 무렵 유럽에서는 가톨릭교회가 큰 성당을 건설하기 위해 많은 돈이 필요하게 되자, 신자에게 벌의 일부나 전체를 사면해 주는 대가로 기부를 받습니다. 그리고 교황의 이름으로 속죄 증명서, 즉 면죄부를 발행하지요. 1517년 성 베드로 대성당을 건립할 때, 면죄부 판매가 절정에 이릅니다.

당시 가톨릭교회의 신부였던 마르틴 루터는 교회가 관습적으로 면죄부를 발행하는 것을 비판하며, 〈95개조의 반

박문〉을 내고 공개 토론을 주장했습니다. 이것은 후에 종교 개혁이 일어나는 실마리가 됩니다.

오늘날에는 어떤 사람이 잘못이 있는데도 용서해 주거나 책임을 묻지 않을 때 '면죄부를 주다' 라고 말합니다.

면죄부는 가톨릭 내부에서 교리와 체계를 재정비하면서 사라졌습니다.

 ### 종교 개혁이 뭐지?

종교 개혁은 16세기부터 17세기 사이에 유럽에서 로마 가톨릭교회에 반대해 일어난 교회의 혁신 운동을 말합니다.

본격적인 종교 개혁은 1517년 마르틴 루터가 〈95개조의 반박문〉을 내놓으면서 시작되었지요. 루터는 교회와 교황의 권위가 중요시되던 전통에서 벗어나 성경과 개인의 신앙이 더 중요하다고 주장했습니다.

절대적인 권력을 가지고 있던 중세 로마 교회는 종교 개혁으로 점점 힘을 잃습니다. 더불어 1640년에 영국에서 청교도 혁명이 일어나면서 중세가 저물고 근대 국가의 기운이 싹트게 됩니다.

장사진을 이루다

| 추석이 되자 서울역은 귀성객들로 장사진을 이루고 있습니다.

주말에 기쁨이는 아빠와 함께 야구장에 갔습니다. 매표소 앞에는 표를 사려는 사람들이 길게 늘어서 있었습니다.

"표를 사느라고 사람들이 야단법석이네!"

기쁨이의 말에 아빠가 웃으며 말합니다.

"많은 사람들이 모여서 떠드는 것을 '야단법석'이라고 하지. 그런데 길게 줄을 지어 늘어서 있을 때는 '장사진을 이루었다'고 해."

기쁨이는 고개를 갸웃거리며 묻습니다.

"장사진이 무슨 뜻인데요?"

"진(陣)이란 군사들이 배치된 모양을 말해. 장사(長蛇)란 긴 뱀을 뜻

하니, 장사진은 긴 뱀과 같이 한 줄로 길게 늘어선 군대의 진을 가리키는 말이야."

장사진은 중국 오나라의 손무가 병법에 관해 쓴 책인 《손자》에 나오는 말입니다.

아주 오래 전 중국의 상산이라는 산에 솔연이라는 독사가 살았는데, 사람 키보다 몇 배나 길어서 '장사'라고 불렸다고 합니다. 그 뱀은 워낙 빠르고 사나워서 머리를 치면 꼬리로 덤벼들고, 꼬리를 치면 머리로 덤벼들며, 몸통을 치면 머리와 꼬리가 동시에 덤벼들었다고 합니다. 《손자》에는 그 뱀처럼 군대의 진을 치는 방법을 '장사진'이라고 설명하고 있습니다. 이처럼 장사진은 본래 군대의 진을 가리키는 말이었습니다.

지금은 많은 사람들이 길게 늘어서 있는 모양을 빗대어 '장사진을 이루다'라고 합니다.

예를 들면 음식 맛이 좋다고 소문난 식당 앞에 손님들이 장사진을 이루는 풍경을 볼 수 있지요.

아성을 무너뜨리다

국내의 휴대 전화 업체는 최첨단 기술과 세련된 디자인을 무기로, 유럽 휴대 전화 시장을 독점하고 있던 외국 회사의 아성을 무너뜨렸다.

옛날 중국에서는 군대의 대장이 머무르는 성 한가운데에 화려하게 꾸민 깃발을 꽂았습니다. 위엄을 과시하기 위해서였지요. 깃발의 깃대 끝에는 상아로 만든 정교한 조각품을 깃봉으로 달았습니다. 상아는 코끼리의 어금니를 말하는데, 이것이 사람들을 안전하게 지켜 준다고 믿었지요.

이렇게 상아 깃봉이 달린 기를 '아기'라고 부릅니다. 그 깃발이 꽂혀 있는 대장군의 성은 '아성'이라고 하지요. 즉 아성은 대장군이 거처하는 성의 중심부를 가리키는 말입니다.

중국 송나라 때 사마광이 지은 《자치통감》이라는 책에 '아성에 올라 맞서 싸웠다'는 기록이 있다고 합니다. 우리나라 역사에서는 고구려 시대 성곽에서 아성을 볼 수 있었습니다. 고구려의 성은 바깥쪽의 외성과 그 안의 내성으로 이루어져 있는데, 내성에 해당하는 곳이 바로 아성이었지요.

성곽의 중심부를 뜻하던 아성이 나중에는 아주 중요한 근거지를 비유적으로 이르는 말이 되었습니다.

아성은 성곽에서 가장 깊은 곳에 있는 탄탄한 성입니다. '난공불락'이라는 말이 있듯이 아성은 좀처럼 무너뜨리기 어려운 성이지요.

오늘날 '아성을 무너뜨리다'는 개인이나 단체의 중심이 되는 근거지를 무너뜨림으로써 치명적인 타격을 입혔다는 뜻으로 쓰입니다.

'아지트'는 무슨 뜻일까?

아지트는 저항 운동을 하는 단체나 범죄 집단이 경찰 등의 눈을 피해 만든 핵심 근거지입니다. 원래 러시아 말인 '아지트푼크트'에서 비롯된 말이지요. 어떤 조직의 핵심 근거지라는 점에서 아성과 아지트는 비슷하지만, 아성이 비교적 규모가 크고 공개적인 장소라면 아지트는 작고 비밀스러운 은신처입니다. 또 아성은 적의 공격으로 무너질 때까지는 한 자리에 떡 버티고 있지만 아지트는 필요에 따라 재빨리 옮길 수 있다는 점이 다릅니다.

루비콘 강을 건너다

몇 달을 망설이다 지연이에게 좋아한다고 고백했다.
이제 나는 루비콘 강을 건너고 말았다.

한때 로마는 세 지도자가 동맹을 맺어 함께 다스리고 있었습니다. 이를 삼두 정치라고 합니다. 힘세고 욕심 많은 폼페이우스와, 돈이 엄청나게 많은 크라수스, 그리고 머리가 무척 좋은 카이사르가 바로 그 주인공들이지요. 이들 세 사람은 서로 경쟁하듯이 주변 나라들을 침략해 정복지를 넓히고 있었습니다.

그중에서 카이사르가 오늘날 프랑스에 해당하는 갈리아 지방을 침략해 세력을 키우자, 로마 본토에서 위협을 느끼게 됩니다. 로마 원로원은 카이사르에게 군대를 해산하고 로마로 돌아오라고 명령합니다. 카이사르의 힘을 빼앗으려는 의도였지요.

고국의 뜻을 알아차린 카이사르는 로마 국경인 루비콘 강 앞에서 망설였습니다. 군대를 해산하고 맨몸으로 로마로 돌아갈 것인지, 군대를 이끌고 가서 반역을 일으킬 것인지 고민하다가 마침내 그는 자신의 인생

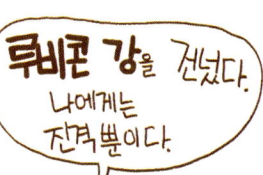

에서 가장 중요한 결정을 내립니다.

"주사위는 던져졌다!"

카이사르는 이렇게 외치며 군대를 이끌고 루비콘 강을 건넜습니다. 로마로 진격하던 카이사르는 먼저 에스파냐 쪽에 주둔하고 있던 폼페이우스의 대군과 결전을 벌입니다. 폼페이우스는 카이사르에게 밀려 이집트 쪽으로 도망을 치다가 결국 암살을 당하고, 승승장구한 카이사르는 로마의 지배자가 됩니다.

'루비콘 강을 건너다'는 말은 '주사위는 던져졌다'와 함께 돌이킬 수 없는 결단을 내렸다는 뜻으로 쓰입니다. 또 이미 되돌릴 수 없는 일이라는 뜻으로도 쓰입니다.

루비콘 강은 어디에 있을까?

루비콘 강은 이탈리아 북부 리미니 부근에서 아드리아 해로 흐르는 작은 강으로, 고대 로마와 갈리아 지방의 경계가 되는 강이었습니다.
로마 시대에는 국경을 넘어 로마로 들어올 때 어느 누구도 무기를 지니지 못하도록 법으로 정해져 있었습니다. 그 법을 어기면 반역자로 간주되었지요. 따라서 카이사르가 무장을 풀지 않고 루비콘 강을 건넌 것 자체가 반역이었습니다.

제로섬 게임

국내 음료 시장이 제로섬 게임에 빠졌다고 생각한 A 기업은 해외 시장으로 눈을 돌려 새로운 수요를 창출해 냈다.

제로섬 게임은 게임을 하고 났을 때 잃은 것과 얻은 것의 합계가 0이 되는 게임을 말합니다. '제로(zero)'는 숫자 '0'을 말하고, '섬(sum)'은 합계를 뜻하지요.

노름판에서는, 돈을 딴 사람이 있으면 그만큼 잃은 사람이 있습니다. 그리고 딴 금액과 잃은 금액을 합했을 때는 0이 되지요. 스포츠에서도 한 팀이 이기면 상대 팀은 지게 되어 있습니다. 이렇게 어느 한쪽이 득을 보면 반드시 다른 한쪽이 손해를 보는 경우를 제로섬 게임이라고 합니다. 이럴 경우 경쟁이 무척 치열한 것이 특징입니다.

이와 달리 한쪽이 이득이 생겼어도 다른 쪽에

별로 손해가 없거나 다른 쪽도 이득을 볼 때는 '넌 제로섬 게임'이라고 합니다.

예를 들어 우리나라 휴대 전화 서비스 시장의 경우, 서비스를 시작하고 나서 2000년경까지는 가입자가 점점 증가했습니다. 기업들은 서로 경쟁했지만 모두 가입자 수를 늘릴 수 있었지요. 이런 경우는 '넌 제로섬 게임'이라고 할 수 있습니다.

하지만 2000년이 지나면서 휴대 전화를 가질 만한 사람은 모두 가진 상태에 도달했습니다. 이제 휴대 전화 서비스 회사들은 가입자를 늘리기 위해 다른 회사 가입자를 빼앗아 와야 했습니다. 바로 '제로섬 게임'이 시작된 것이지요.

'제로섬 게임'이라는 말은 1971년 레스터 서로 교수가 미국 사회의 문제를 지적한 《제로섬 사회》라는 책을 발행하면서 유명해졌습니다.

철의 장막

냉전 시대에 소련의 영향력 아래에 있던 동유럽 국가들은 '철의 장막'을 부수고 민주 국가로 나아가기 시작했다.

철은 쇠이며, 장막은 커튼을 뜻합니다. '철의 장막'은 쇠로 만든 커튼이라는 뜻으로, 굳게 닫혀 있는 모양을 빗대어 표현한 말입니다. 1914년에 벨기에의 엘리자베스 여왕이 자신의 고향인 독일과 조국인 벨기에의 사이가 나빠지자 이렇게 말했습니다.

"내 고향과 조국 사이에는 오래전부터 내려온 피로 얼룩진 철의 장

막이 있다."

하지만 '철의 장막'이라는 말이 유명해진 것은, 영국의 수상이었던 처칠 때문입니다. 처칠은 제2차 세계 대전 후 미국을 방문했을 때 이런 연설을 했습니다.

"오늘날 발트 해로부터 아드리아 해로 이어져, 유럽 대륙을 가로지른 철의 장막이 드리워져 있다."

당시의 유럽은 공산주의의 동부 유럽과 자본주의의 서부 유럽으로 크게 나뉘어져 있었습니다.

자본주의 국가와 공산주의 국가들은 군사적으로 충돌하지는 않았지만 군비 경쟁이나 과학 기술 개발 경쟁 등에서 첨예하게 대립하는 냉전을 치르고 있었지요.

소련을 비롯한 공산권의 폐쇄적인 대외 정책을 풍자한 말로, '철의 장막'은 제2차 세계 대전 후의 냉전 시대를 상징하는 유명한 말이 되었습니다.

'죽의 장막'은 무엇일까?

1949년에 공산화된 중국이 폐쇄적인 외교 정책을 펼치자 자유주의 진영에서는 소련의 폐쇄 정책과 구별해 '죽의 장막'이라는 용어를 사용했습니다. 죽(竹)은 대나무를 말합니다. 쇠보다는 대나무가 덜 단단한 것처럼 중국이 소련보다는 상대하기가 쉽다는 뜻이었지요. 말 한 마디로 국제 관계의 차이를 나타낸 것입니다.

교두보를 마련하다

개성 공단은 북한과의 경제 협력을 위한 교두보를 마련한 것이라 평가할 수 있습니다.

기쁨이 아빠가 갑자기 중국으로 출장을 가게 되었습니다. 엄마가 어리둥절한 얼굴로 아빠에게 묻습니다.

"갑자기 웬 중국 출장이래요?"

"우리 회사에서 이번에 중국에 진출할 교두보를 마련했어요."

기쁨이는 '교두보'가 무엇인지 궁금하지요.

교두보는 보루의 하나입니다. 보루는 전쟁 때 적의 침입을 막기 위해 돌이나 콘크리트 따위로 튼튼하게 쌓은 진지로, 전투를 할 때 몸을 숨긴 채 적에게 활이나 총을 쏘는 곳입니다. 그런 보루 가운에 강을 가로지르는 다리 머리에 쌓은 보루가 바로 교두보입

니다.

 큰 강을 사이에 두고 전투를 벌일 때, 강 건너 적진으로 들어가기 위해서는 다리를 차지하는 게 무척 중요하지요. 다릿목에 튼튼한 교두보를 잘 쌓아야 합니다.

 더 넓은 뜻의 교두보는 적이 점령하고 있는 지역에 뚫고 들어가서 그곳에 설치하는 거점입니다. 6·25전쟁 때 유엔군은 인천을 교두보로 삼아 서울을 탈환했습니다.

 오늘날에는 경쟁자가 이미 세력을 넓히고 있는 곳에 들어가, 활동할 수 있는 발판을 마련했을 때 '교두보를 마련했다'고 말합니다. 다른 곳으로 나아가기 위한 발판이 바로 교두보인 것이지요.

 이처럼 교두보는 전쟁이나 치열한 경쟁을 벌이는 상황에서 주로 쓰입니다.

상륙 작전이란 무엇일까?

상륙 작전은 바다에서 적이 있는 육지로 공격해 들어가는 전쟁 작전입니다. 바다에서 육지로 쳐들어가기 때문에 공격하는 쪽이 대단히 불리하지요. 따라서 상륙 작전을 할 때는 적이 있는 지역의 정확한 정보가 필요하고, 대형 군함과 항공기를 이용한 공격도 함께 이루어지지요. 그래서 상륙 작전은 규모가 크며, 성공 여부에 따라 전쟁의 승패가 크게 달라질 수 있습니다. 제2차 세계대전 때의 노르망디 상륙 작전과 6·25전쟁 때 연합군이 실시한 '인천 상륙 작전' 등이 유명합니다.

유레카

어려운 수학 문제를 끙끙대고 풀던 친구가 갑자기 큰 소리로 '유레카!'라고 외쳤다. 한참 졸던 나는 정신이 번쩍 들었다.

아르키메데스는 고대 그리스 시라쿠사 출신의 천재 수학자이자 과학자였습니다. 그는 지레의 원리, 부력, 원주율(원둘레와 지름의 비)을 알아내고 나선형 수차도 발명했습니다. 우리는 현재 그가 발견한 법칙과 발명품으로 편리한 생활을 하고 있지요.

'유레카'는 이 아르키메데스와 관련 있는 말입니다. 어느 날 시라쿠사의 히에론 왕이 순금으로 새 왕관을 만들었는데, 왕관에 은이 섞였다는 소문이 떠돌았습니다. 왕은 아르키메데스를 불러 소문이 사실인지 알아보라고 하지요.

이 문제를 해결하기 위해 골똘히 고민하던 아르키메데스는 목욕을 하러 갔습니다. 욕조 안에 들어가자 그는 몸이 가벼워지는 것을 느끼지요. 아르키메데스는 문득, 물속에서는 같은 질량이라도 부피가 커질수록 물에 잘 뜬다는 사실을 깨닫습니다. 부력(물에 뜨는 힘)의 원리를 발견한 것이지요. 흥분한 그는 옷도 입지 않은 채 목욕탕에서 뛰어나오며 외쳤습니다.

"유레카, 유레카!"

유레카는 그리스 어로 '알았다'는 뜻입니다.

아르키메데스는 곧 금관과 같은 무게의 순금 덩어리를 구한 뒤, 그것을 금관과 함께 물속에서 무게를 달아 보았습니다. 그러자 저울대는 순금덩이 쪽으로 기울었습니다. 은이 섞여 있는 금관은 같은 무게의 순금보다 가벼워 물에 더 잘 뜬 것이지요. 그렇게 하여 금관에 은이 섞였다는 사실을 알아냈습니다.

이 이야기가 사실인지는 알 수 없습니다. 그가 죽고 나서 200년이 지난 뒤 로마 작가인 비트루비우스가 처음으로 책에 썼기 때문이지요. 똑같은 용량의 두 그릇에 물을 가득 채우고 금관과 순금 덩어리를 각각 넣었을 때 흘러넘친 물의 양으로 금관에 은이 섞인 것을 알아냈다는 이야기도 있습니다. 순금을 그대로 사용해 금관을 만들었다면 흘러넘친 물의 양이 서로 같아야 하는데, 은이 섞인 금관 쪽에서 물이 더 많이 흘러넘쳤던 것이지요. 어쨌든 아르키메데스가 부력의 원리를 발견한 것은 사실입니다.

오늘날 '유레카'는 아무리 고민해도 알아내지 못했던 문제를 우연히 알아내거나 전혀 새로운 사실을 알게 되었을 때를 표현하는 말로 쓰이고 있습니다.

발명가 아르키메데스

고대 그리스에서는 수학을 실용적인 학문보다 낮게 보았습니다. 아르키메데스는 순수 학문인 수학을 좋아했지만 사람들에게 수학의 중요성을 일깨워주기 위해 수학의 원리를 이용한 발명도 많이 했습니다.
나선형 스크루를 이용해 낮은 곳의 물을 높은 곳으로 끌어올리는 나선형 수차를 개발해 농업에 도움을 주었습니다. 오늘날의 양수기라 할 수 있지요. 또 지레의 원리를 이용해서 만든 투석기로 시라쿠사를 침략하는 로마 군함을 부수기도 하고, 오목 거울로 태양 빛을 모아 로마 군함을 불태우기도 했습니다.

그 밖에 자주 쓰는 익은말

발목을 잡히다 | 파김치가 되다 | 녹초가 되다 | 미역국 먹다 | 코가 땅에 닿다 | 풀이 죽다 | 뜸을 들이다 | 입이 짧다 | 눈에 콩깍지가 씌다 | 귓전으로 듣다 | 딴죽을 걸다 | 국수를 먹다 | 깨가 쏟아지다 | 말짱 도루묵 | 낙동강 오리 알 | 감쪽같다 | 쪽박을 차다 | 큰코다치다 | 초를 치다 | 퇴짜를 놓다 | 못을 박다 | 덜미를 잡히다 | 바가지 쓰다 | 입에 침이 마르다 | 괴발개발이다 | 바가지를 긁다 | 바람맞다 | 딴전 피우다 | 아양을 떨다 | 꿩 대신 닭 | 오리발 내밀다 | 김칫국 마시다 | 닭살이 돋다 | 맞장구치다 | 콧방귀를 뀌다 | 꿀 먹은 벙어리 | 허리띠를 졸라매다 | 땅 짚고 헤엄치기 | 식은 죽 먹기

: 발목을 잡히다

어떤 일에 묶여 꼼짝할 수 없을 때 흔히 '발목을 잡혔다'고 합니다. 예를 들어 밖에서 놀고 싶은데 집에서 동생을 돌봐 주어야 할 때가 있습니다. 동생에게 발목이 잡힌 셈이지요. 이처럼 어떤 일 때문에 다른 일이나 행동을 하지 못하고 묶여 있을 때 쓰는 익은말입니다. 발목을 잡히면 꼭 해야 할 일에 진전이 없습니다. 컴퓨터 게임에 발목이 잡혀 정작 할 일을 못하는 사람도 많지요.

남에게 자신의 약점을 들켜서 내 마음껏 행동하기 어려울 때도 '발목을 잡혔다'고 합니다. 발목을 잡히면 앞으로 나아갈 수 없습니다. 당당하게 생활하려면 누구에게도 발목 잡히는 일이 없어야겠지요.

≫ 시험을 칠 때마다 점수가 올라 기뻐했는데, 수학에서 발목을 잡히고 말았다.

: 파김치가 되다

고된 일이나 운동 따위로 몹시 지쳤을 때 '파김치가 되다'라고 합니다. 파김치를 담글 때는 파를 소금이나 액젓에 절인 뒤 갖은 양념에 버무립니다. 그러면 파가 생기를 잃고 축 늘어지지요.

사람이 지쳐서 늘어진 모습에서 파김치가 떠오른 것입니다. 배추김치도 있고 열무김치도 있는데, 왜 하필 파김치에 비유했을까요? 파가 축 늘어진 모양이 배추나 열무에 비해서 더 도드라져 보였기 때문일 테지요.

≫ 그는 고된 일을 하고 파김치가 되어 집에 돌아왔다.

: 녹초가 되다

촛불이 타오르면 초가 녹아서 촛농이 흘러내립니다. 이처럼 '녹아내린 초'를 줄여서 '녹초'라고 합니다.

사람이 너무 힘들게 일을 하면 맥이 풀려 힘을 못 쓰는 상태가 되지요. 이럴 때

'녹초가 되다'라고 합니다. '파김치가 되다'보다 조금 더 센 느낌이 드는 익은말입니다.
≫ 하루 종일 지리산 둘레길을 걸었더니 저녁에는 녹초가 되었다.

: 미역국 먹다

시험에서 떨어지거나 경쟁에서 밀렸을 때 흔히 '미역국 먹었다'라고 합니다. 이 말의 유래에는 두 가지 주장이 있습니다. 먼저 미역의 미끄러운 성질에 빗대어, 시험이나 경쟁에서 미끄러졌다는 의미로 쓰게 되었다는 것입니다.

또 다른 것은, 구한말 일제가 조선을 침탈하면서 우리 군대를 강제로 해산하는 바람에 군인들이 일자리를 잃게 된 사건에서 유래되었다는 설입니다. 즉 흩어지게 한다는 뜻의 해산(解散)과 임산부가 아이를 낳는다는 뜻의 해산(解産)은 소리가 같은데, 해산한 산모가 미역국을 먹는 풍습과 연관을 지어 실직한 상태를 은밀하게 나타낸 것이라고 합니다.
≫ 영주는 수학 경시 대회에서 또 미역국을 먹었다며 방에 틀어박혀 나올 생각을 안 한다.

: 코가 땅에 닿다

코는 우리 얼굴에서 가장 많이 튀어나와 있는 곳입니다. 그러니 엎드려 머리를 숙이면 얼굴 가운데 코가 먼저 땅에 닿겠지요. 코가 땅에 닿았다는 것은 한껏 엎드려서 고개를 숙였다는 뜻입니다. 상대 앞에서 머리를 깊이 숙여 자신을 낮춘 자세라고 할 수 있습니다.

옛날, 백성들이 임금 앞에 엎드려 머리를 조아리는 모습은 정말로 코가 땅에 닿는 것처럼 보였지요. 이처럼 예를 갖추기 위해 머리를 깊이 숙이는 것을 비유적으로 '코가 땅에 닿다'라고 합니다.
≫ 동이는 허리를 말아 올리고, 코가 땅에 닿도록 털썩 엎드려 큰절을 두 번 올렸다.

: 풀이 죽다

'풀이 죽다'에서 '풀'은 산이나 들에서 자라는 식물이 아닙니다. 쌀가루나 밀가루 따위를 쑤어서 걸쭉하게 된 물질을 말합니다. 옛날에는 이불 홑청이나 모시옷 따위를 빨아서 말린 뒤 풀을 먹였습니다. 풀 기운 때문에 이불보나 옷감의 성질이 빳빳하게 되어 모양새가 좋았지요.

풀이 선 옷을 입으면 기분도 산뜻하고 왠지 활기가 돋습니다. 하지만 시간이 지나면 풀기가 빠져 옷이 흐물흐물해지면서 볼품이 없어집니다. 풀기가 사라진 옷처럼 사람이 활기나 기세가 꺾여 활발하지 못할 때 '풀이 죽다'라고 합니다.

≫ 강아지가 오줌을 못 가려 혼을 냈더니 풀이 죽어 불러도 오지 않는다.

: 뜸을 들이다

불에 밥을 짓거나 고구마를 찔 때 마지막에 불을 끄거나 약하게 한 다음 뚜껑을 그대로 덮어 둔 채 얼마 동안 기다립니다. 남은 열로 쌀이나 고구마가 속까지 잘 익도록 기다리는 것입니다. 이처럼 어떤 것을 찌거나 삶은 다음에도 그대로 두어 푹 익게 하는 것을 '뜸을 들이다'라고 합니다.

음식을 만드는 일뿐만 아니라 다른 일을 할 경우에도 서두르지 않고 가만히 기다려야 할 때가 있습니다. 그럴 때도 '뜸을 들이다'라고 합니다.

≫ 그렇게 뜸을 들이지 말고 본론부터 말해 보게나.

: 입이 짧다

먹는 것에 까탈을 부리는 사람이 있습니다. 음식에 투정을 부리고, 음식을 골고루 먹지 않고 먹고 싶은 음식만 먹기도 하지요. 그런 사람을 보고 '입이 짧다'라고 합니다. 이런 사람들은 음식을 가려 먹다 보니 먹는 양이 적을 수밖에 없습니다. '입이 짧다' 라는 말에는 먹는 음식의 양이 적다는 뜻도 있습니다.
≫ 어릴 때 입이 짧아 먹는 게 부실했던 둘째는 그 때문인지 키가 안 컸다.

: 눈에 콩깍지가 씌다

콩을 털어 내고 남은 껍질을 콩깍지라고 합니다. 콩깍지가 사람 눈에 씌게 되면 앞을 제대로 볼 수 없지요.
눈을 콩깍지로 가린 것처럼 무엇을 제멋대로 판단하는 경우에 '눈에 콩깍지가 씌다' 라고 말합니다. 그런데 왜 하필이면 콩깍지일까요? 그건 아마도 콩깍지도 두 쪽이고 눈도 두 개여서 짝이 잘 맞는 데다 콩깍지와 눈의 크기가 비슷해서일 것입니다.

≫ 내 눈에 콩깍지가 씌어서인지 난 가은이 얼굴의 주근깨도 예뻐 보인다.

: 귓전으로 듣다

소리를 듣는 기관인 귀는 속귀와 겉귀로 이루어져 있습니다. 그리고 겉귀에서 밖으로 드러난 부분을 귓바퀴라고 합니다. 귓바퀴는 지나가는 소리를 모아 속귀로 보내주는 역할을 하지요.
'귓전으로 듣다'에서 '귓전'은 귓바퀴의 가장자리를 말합니다. 귓전 근처에 닿은 소리는 그냥 스쳐 지나가기 때문에 속귀로 전달이 잘 안 됩니다. 즉 누군가의 말을 귓전으로 듣는다는 것은, 귀를 기울여 듣지 않고 건성으로 듣는 둥 마는 둥 한다는 뜻이지요.
≫ 그저 어린것이 철없어 하는 소리인가 보다 하고 귓전으로 들었는데, 그게 아니었어요.

: 딴죽을 걸다

씨름이나 택견과 같은 전통 경기에서, 발로 상대편의 다리를 옆으로 치거나 끌어

당겨 넘어뜨리는 기술을 '딴죽', 또는 '딴죽걸기' 라고 합니다.
어떤 일에 이미 뜻을 맞추어 놓고도 나중에 그 뜻을 어기며 딴전을 피우는 경우에 '딴죽을 걸다' 라고 하지요. 우리가 흔히 쓰는 '딴지를 걸다' 라는 말은 '딴죽을 걸다' 의 잘못된 표현입니다.

≫ 이미 결론이 난 이상 토시를 달거나 딴죽을 걸지 않겠습니다.

: 국수를 먹다

요즘에는 결혼식장에 가면 갈비탕이나 뷔페 음식이 주로 나옵니다. 옛날에는 혼례를 치를 때 손님들에게 국수를 대접했습니다. 국수는 조리 방법이 간단해 많은 손님을 한꺼번에 치를 수 있었지요. 국수는 결혼식을 상징하는 음식이 되었습니다. 그래서 '너 언제 결혼하니?' 대신에 '너 언제 국수 먹여 줄래?' 라고 말하게 된 것이지요.

≫ 올해는 참한 여성 만나서 꼭 국수를 먹여 주게나.

: 깨가 쏟아지다

깨는 참기름의 원료가 되는 곡식입니다. 깨는 추수하기 무척 쉽습니다. 깨 다발을 거꾸로 들고 막대기로 툭툭 치면 깨가 우수수 떨어지거든요. 게다가 고소한 냄새까지 솔솔 풍기니 쏟아지는 깨알들을 보면 재미있고 흐뭇합니다.
'깨가 쏟아지다' 는 주로 갓 혼인해 아기자기하고 재미나게 살고 있는 부부에게 씁니다.

≫ 얼마 전 결혼한 이모는 깨가 쏟아지게 잘살고 있다.

: 말짱 도루묵

'도루묵' 은 농엇과에 속하는 바닷물고기의 이름입니다. 도루묵이라는 이름이 생긴 유래는 다음과 같습니다.

조선 선조 임금이 임진왜란이 일어나자 피난을 갔는데, 한 백성이 '묵'이라는 물고기를 바쳤습니다. 임금이 먹어 보니 맛이 아주 좋았지요. 임금은 그 고기에 '은어'라는 이름을 내렸습니다. 전쟁이 끝난 뒤 임금은 문득 그때 먹은 고기가 생각나서 구해 오게 했습니다. 그런데 다시 먹어 보니 예전과 맛이 달랐습니다. 그때 임금이 "에잇, '도로 묵'이라고 불러라."라고 하는 바람이 '도루묵'이 되었다는 것입니다. 멀리서 힘들게 고기를 구해 온 사람들의 노고도 '말짱 헛일'이 되고 말았고요.

그때부터 아무 소득이 없는 헛된 일이나 헛수고를 '말짱 도루묵'이라고 썼다고 합니다. 하지만 정확히 확인된 이야기는 아닙니다.

≫ 간신히 막내를 재웠는데, 둘째가 소리를 지르며 뛰어다녀서 말짱 도루묵이 되었다.

: 낙동강 오리 알

강원도에서 발원해 영남 지방을 거쳐 남해로 흐르는 낙동강에는 많은 오리들이 날아와 알을 낳습니다. 그곳 오리 알은 맛이 없어서 사람들이 거들떠보지 않았다고 합니다. 강 주위에 처량하게 굴러다니는 오리 알을 종종 볼 수 있었지요.

그처럼 아무도 거들떠보지 않아 처량한 신세가 된 물건이나 사람을 '낙동강 오리 알'이라고 부릅니다.

≫ 친하게 지내던 나은이와 영토가 사귀는 바람에 요즘 난 낙동강 오리 알 신세가 되었다.

: 감쪽같다

'감쪽'은 감나무 가지를 다른 나무의 그루에 접붙이는 '감접'에서 나온 말이라고 합니다.

고욤나무 줄기 한쪽을 칼로 벗긴 뒤 그곳에 눈이 달린 감나무 가지를 붙인 다음 끈으로 감아 접붙이기를 하면 이듬해에 접을 붙인 흔적이 거의 보이지 않습니다. 어떤 물건을 수리하거나 손을 보았는데 아무도 알아채지 못할 정도로 흔적이 없을 때 '감접같다'고 하게 되었고, 이 말이 '감쪽같다'로 변했다고 합니다.

≫ 카멜레온은 적이 나타나면 몸의 색을 주위 색과 비슷하게 바꾸면서 감쪽같이 몸을 숨긴다.

: 쪽박을 차다

옛날의 거지들은 동냥밥을 얻어먹으려고 옆구리에 쪽박을 차고 다녔습니다. 쪽박은 거지들의 밥그릇인 셈이지요. '쪽박을 찼다'는 것은 거지가 되었다는 말과 같습니다.

오늘날에는 실제로 쪽박을 차지 않았지만 수입이 완전히 끊겨 먹고살기 어려워졌을 때도 '쪽박을 차다'라고 합니다. '깡통을 차다'라고도 하지요.

한편 매우 심술궂은 사람은 거지들에게 동냥을 주기는커녕 쪽박을 깨기도 한 모양입니다. 마지막 남은 밥그릇까지 없애 버리는 이 같은 상황을 '쪽박을 깨다'라고 합니다. 가난한 사람을 도와주지는 못할망정 쪽박까지 깨서는 안 되겠지요?

≫ 남의 돈을 빌려 주식 투자를 하던 김 씨는 쪽박을 차고 말았다.

: 큰코다치다

남에게 굽히기 싫어하거나 젠체하는 사람을 흔히 '콧대가 높다'라고 합니다. '이때 코는 고집이나 자존심을 상징합니다. 크게 봉변을 당하거나 무안을 당한 경우에 '큰코다치다'라고 하지요. 겸손하지 않고 잘난 척하는 사람에게 "너 그러다 큰코다치는 수 있어."라고 말합니다.

≫ 꼬맹이라고 무시했다가 큰코다칠 수 있어.

: 초를 치다

'초'는 음식에 새콤한 맛을 내기 위해 넣는 식초를 말합니다. 물냉면을 먹을 때 식초를 조금 쳐서 먹으면 새콤하고 시원한 맛이 나지요. 오이 무침 같은 요리에도 식초를 넣으면 새콤달

콤한 맛이 납니다. 식초는 적당히 넣으면 입맛을 돋우지만 너무 많이 치면 음식이 시어서 먹기 힘듭니다.
이처럼 잘 되어 가던 일에 방해를 놓아서 일이 잘못되게 하거나 일하는 사람의 기분을 시들해지게 할 때 '초를 치다'라고 합니다. 한마디로 어떤 일에 훼방을 놓는다는 뜻입니다.

≫ 괜히 남의 일에 초를 치지 말고 잠자코 가만히 있어라.

: 퇴짜를 놓다

옛날, 백성들이 세금으로 옷감을 나라에 바칠 때가 있었습니다. 관아에서는 옷감의 품질을 검사해 질이 좋지 않은 물건에 '퇴(退)' 자를 찍었습니다. 퇴(退)는 '물러나다', 또는 '물리치다'는 뜻입니다. 받을 수 없으니 도로 가져가라는 것이지요. 오늘날에는 마음에 들지 않는 물건이나 의견을 받아들이지 않고 물리치는 것을 '퇴짜를 놓다'라고 합니다.

≫ 2년간 공들여 쓴 작품이었지만 출판사마다 번번이 퇴짜를 놓았다.

: 못을 박다

나무로 가구를 만들거나 집을 지을 때 못을 박습니다. 또 벽에 무엇을 걸기 위해 못을 박기도 합니다. 못을 박는 것은 무엇을 고정시키기 위해서입니다. 이처럼 어떤 사실을 꼭 집어 단호하고 분명하게 하는 것을 비유적으로 '못을 박다'라고 합니다. 숙제가 많은 아이에게 엄마가 "무슨 일이 있어도 컴퓨터 게임은 안 돼!"라고 말하는 것처럼 말이지요.
한편 어떤 사람의 마음에 아물 수 없는 큰 상처를 주는 경우에 흔히 '가슴에 못을 박다'라고 합니다. 남의 가슴에 못을 박는 일은 없어야겠지요.

≫ 박 선수는 부상 때문에 이번 경기에 불참하지만 은퇴는 아니라고 못을 박았다.

: 덜미를 잡히다

'덜미'는 목덜미의 줄임말입니다. 목의 뒤쪽 부분과 그 아래 근처를 말하지요. 덜미를 잡히면 쉽게 달아날 수 없습니다.

오늘날에는 나쁜 짓을 꾸미다가 모든 것이 발각될 만한 결정적인 단서를 잡히고 말았을 때 '덜미를 잡혔다'고 합니다.

≫ 도둑은 범죄 현장에 다시 나타났다가 경찰에 덜미를 잡히고 말았다.

: 바가지 쓰다

어떤 물건을 제값보다 훨씬 비싼 값에 샀을 때 흔히 '바가지 썼다'라고 합니다. 왜 바가지를 쓴다고 말할까요?

조선 시대 말에, 중국에서 '십인계'라는 노름이 우리나라에 들어왔습니다. 바가지 안쪽에 1부터 10까지 숫자를 적은 뒤 노름꾼들이 각자 돈을 걸고, 바가지를 마구 섞은 뒤 숫자 하나를 알아맞혀 돈을 따는 노름입니다. 십인계에서는 대부분 판을 이끄는 노름꾼이 농간을 부려 돈을 따고, 나머지는 돈을 잃은 채 발걸음을 돌렸습니다. 그때 비로소 정신이 든 사람들이 "바가지 썼다."라고 말했다고 합니다. 이처럼 터무니없이 비싼 값을 지불해 손해를 보았을 때 '바가지 쓰다'라고 합니다.

≫ 해외에서 비싸게 사 온 그릇이 국내에서 훨씬 싸게 파는 걸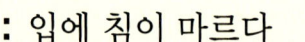
알고 바가지 쓴 걸 깨달았다.

: 입에 침이 마르다

말을 많이 하게 되면 입에서 수분이 계속 빠져나가 입안의 침이 마르게 됩니다. 그러니 '입에 침이 마르다'라고 하는 것은 결국 말을 많이 했다는 뜻입니다. 이 말은 점차 다른 사람이나 물건을 두고 거듭해 아주 좋게 말하는 뜻으로 바뀝니다. 장황하게 말을 늘어놓으며 칭찬을 하다 보니 입에 침이 마르게 된다는 뜻이지요.
칭찬이 아니라 남에게 비난을 퍼붓느라고 말을 많이 하는 경우에는 '입에 거품을 물다'라고 합니다.
≫ 엄마는 옆집 한솔이가 얼굴도 예쁘고 공부도 잘하는 데다가 인사성도 밝다며 입에 침이 마르게 칭찬했다.

: 괴발개발이다

'괴발'은 고양이의 발, '개발'은 개의 발입니다. '괴'는 고양이의 옛말인데, 지금도 속담이나 익은말에 쓰이고 있습니다.
'괴발개발'은 여기저기 아무렇게나 찍힌 고양이와 개의 발자국이라는 뜻입니다. 글씨가 엉망일 때 '괴발개발이다'라고 합니다. 종이에 글씨를 함부로 갈겨썼다는 뜻입니다.
오늘날에는 사람들이 '개발새발'로 많이 씁니다. '개의 발자국과 새의 발자국'이라는 뜻으로 괴발개발과 마찬가지로 글씨를 아무렇게나 써 놓은 모양을 이릅니다.

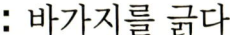

≫ 승호 글씨는 괴발개발이라 도무지 무슨 내용인지 알아볼 수 없다.

: 바가지를 긁다

옛날에는 마을에 전염병이 자주 돌았습니다. 병에 걸린 집에서는 무당을 불러 마루에서 굿을 벌이곤 했지요. 그때 무당은 소반 위에 바가지를 올려놓고 득득 소리가 나도록 긁었습니다. 그 소리가 듣기 싫어 전염병 귀신이 달아난다고 믿었던 것이지요. 오늘날에는 듣기 싫은 잔소리나 불평을 연달아 늘어놓을 때 '바가지를 긁다'라고 합니다. 주로 아내가 남편에게 듣기 싫은 잔소리를 마구 늘어놓을 때 쓰는 말이지요.
≫ 아이들이 자라자 나에게 바가지를 긁어 대는 건 아내가 아니라 두 딸이다.

: 바람맞다

상대가 만나기로 한 약속을 지키지 않아 헛걸음을 하게 되었을 때 흔히 '바람맞았다'라고 말합니다. 왜 하필이면 '바람을 맞았다'라고 할까요?

바람은 한자로 '풍(風)'이라고 합니다. 중풍(中風)이라는 병이 있습니다. 뇌의 혈관에 이상이 생겨 갑자기 정신을 잃고 넘어지는데, 후유증으로 몸이 마비되거나 말을 못 하게 되기도 합니다. 중풍에 걸리는 것을 흔히 '풍을 맞다', 또는 '바람맞다'라고 합니다.

약속한 상대가 나타나지 않아 헛걸음을 하게 되었을 때도 이처럼 당혹스럽고 몸을 움직이기 싫다는 뜻으로 '바람맞다'라고 합니다. 상황을 조금 과장되게 표현한 익은말입니다.

≫ 약속이 있어 외출한 고모가 집에 돌아와 친구에게 바람맞았다며 투덜거렸다.

: 딴전 피우다

'딴전'에서 '전'은 많은 물건을 늘어놓고 파는 제법 큰 가게나 시장을 뜻합니다. '딴전'은 '다른 가게'를 말하지요.

'딴전 피우다'는 자신이 벌여 놓은 가게는 내버려 두고 엉뚱하게도 다른 가게에 신경을 쓴다는 뜻입니다. 이처럼 당연히 해야 할 일을 놓아두고 다른 일에 매달릴 때 '딴전 피우다'라고 말합니다.

≫ 시험 잘 봤냐는 엄마의 물음에 형은 대꾸도 않고 강아지를 산책시키겠다며 딴전을 피웠다.

: 아양을 떨다

귀여운 몸짓이나 말로 누구의 눈길을 끌기 위해 애쓰는 행동을 '아양을 떨다'라고 합니다. 이 말은 '아얌을 떨다'에서 나왔습니다. 아얌은 옛날에 여자들이 겨울에 추위를 막으려고 머리에 쓰던 쓰개입니다. 위는 트인 채 머리에 쓰게 되어 있고, 뒤쪽으로는 넓고 긴 비단에 수를 놓은 '아얌드림'

을 댕기처럼 늘어뜨리지요.
여자아이가 아얌을 쓰고 예쁘게 뛰면 주위 사람들이 눈길을 준 것에서 '아양을 떨다'라는 말이 나왔습니다.

≫ 민지가 아양을 떨며 나에게 만들기를 도와달라고 하자 차마 거절할 수 없었다.

: 꿩 대신 닭

옛날에는 설날에 떡국을 끓일 때 꿩고기로 국물을 내는 풍습이 있었습니다. 새해 첫날 먹는 떡국이므로 상서로운 새인 꿩의 고기를 썼던 것입니다. 하지만 꿩은 사냥해야 하므로 쉽게 구할 수 없었지요. 꿩고기를 구하지 못하면 집에서 기른 닭을 잡아 떡국 국물을 우려냈습니다. 여기에서 '꿩 대신 닭'이라는 말이 나왔다고 합니다.

오늘날에는 적당한 사람이나 물건을 구하지 못했을 때, 그보다는 못하지만 비슷하게 대신 쓸 수 있는 사람이나 물건을 비유적으로 '꿩 대신 닭'이라고 합니다.

≫ 해수욕장에 못 간 민우는 꿩 대신 닭이라며 수영장에서 신나게 놀았다.

: 오리발 내밀다

'닭 잡아먹고 오리발 내밀다'는 속담이 줄어서 생긴 말입니다. 어떤 사람이 분명히 닭을 잡아먹은 줄 알고 있는데, 그 사람이 계속 오리발을 내밀면서 자신은 오리를 잡아먹었다고 우기는 상황을 말합니다. '오리발 내밀다'는 옳지 않은 일을 저질러 놓고도 엉뚱한 근거를 들이대며 속여 넘기려 하는 경우에 쓰는 익은말입니다.

잘못을 저질러 놓고도 자신은 전혀 그 일을 모르는 것처럼 입을 다물고 있는 경우에는 '시치미 떼다'라고 합니다.

≫ 범인은 증거가 있는데도 자신은 기억이 없다며 오리발을 내밀었다.

: 김칫국 마시다

떡을 먹을 때 김칫국을 함께 마시면 목에 잘 넘어갑니다. 성미가 매우 급해 떡이 나오지도 않았는데 김칫국부터 마시는 사람을 가리켜 '떡 줄 사람은 생각도 않는데 김칫국부터 마신다'라고 합니다. '김칫국 마시다'는 바로 이 속담에서 비롯된 익은말입니다. 성급한 마음에 일의 순서를 뒤바꾸면서 달려드는 모양을 이르지요.

≫ 기쁨이는 좋아하는 연우랑 짝이 되자마자 사귀면 줄 선물을 고르며 김칫국을 마셨다.

: 닭살이 돋다

'닭살'은 '소름'을 속되게 이르는 말입니다. 소름은 털구멍으로 몸의 열이 새는 것을 막기 위해 살갗이 수축되면서 생깁니다. 추위나 공포를 느낄 때, 또는 어떤 예술 작품을 감상하고 무척 감동스러울 때 좁쌀 같은 소름이 돋지요. 그 모습이 마치 털을 뽑아 놓은 닭의 살처럼 오돌토돌해서 속되게 '닭살'이라고도 합니다.

서로 사이가 좋아서 감정 표현을 잘하고, 눈에 띄게 다정한 행동을 하는 연인이나 부부를 속된 말로 '닭살 커플'이라고 부릅니다. 소름이 돋을 정도로 눈꼴 사납기도 하고 부럽기도 하다는 뜻이지요.

≫ 너희 둘 말이야, 사이가 좋은 건 괜찮지만 공공장소에서 닭살 돋는 행동은 하지 마라.

: 맞장구치다

우리의 전통 악기 중에 장구가 있습니다. 보통 장구는 혼자서 치거나, 여럿이 치더라도 같은 가락을 칩니다. 그런데 두 사람이 마주 서서 대화를 나누듯 주거니 받거니 장단을 치는 것을 '맞장구'라고 합니다. 곁장구, 또는 맞장단이라고도 하지요. 맞장구를 칠 때는 서로의 생각이나 호흡이 잘 맞아야 장단을 맞출 수 있습니다.

오늘날에는 "그래, 맞아!" 하면서 남의 말에 덩달아 호응하거나 동의할 때 '맞장구치다'라고 합니다.
≫ 내가 재미있는 이야기를 할 때, 옆에서 맞장구치는 미연이 덕분에 더 흥이 났다.

: 콧방귀를 뀌다

코로 나오는 숨을 막았다가 갑자기 터뜨리면서 '흥!' 하고 불어내는 소리를 '콧방귀'라고 합니다. 몹시 못마땅한 상대를 싹 무시할 때 주로 하는 행동이지요. 이렇게 아니꼽거나 못마땅한 상대를 무시하거나, 남의 말을 들은 체 만 체 대꾸도 하지 않는 것을 '콧방귀를 뀌다'라고 합니다.
≫ 내 동생은 나를 우습게 아는지 혼낸다고 으름장을 놓아도 콧방귀를 뀐다.

: 꿀 먹은 벙어리

옛날, 어느 서당 훈장님이 벽장 안에 꿀단지를 넣어 두고 가끔 꺼내 먹었습니다. 아이들에게는 약단지라고 하면서요. 그러던 어느 날 훈장님이 자리를 비운 틈을 타서 아이들이 약단지를 꺼내어 맛을 보았지요. 쓴맛이 날 줄 알았는데 꿀맛이 났습니다. 아이들은 순식간에 꿀단지를 비워 버렸지요. 밖에서 돌아온 훈장님은 빈 꿀단지를 보고 누가 먹었냐고 다그칩니다. 아이들은 아무도 말을 못합니다. 엉겁결에 훈장님은 "모두 꿀 먹은 벙어리가 되었냐?"라고 외치지요.

그때 꾀 많은 아이 하나가 나서서 "저희가 갑자기 배가 아파서, 훈장님이 벽장에 두고 드시던 약이 생각나 모두 나눠 먹었습니다."라고 말했습니다. 그러자 훈장님이 아무 말도 못하고 '꿀 먹은 벙어리'가 되고 말았다고 합니다.

여기에서 유래해 묻는 말에 아무 대답도 못하고 입을 다물고 있는 사람을 가리켜 '꿀 먹은 벙어리'라고 합니다.
≫ 꿀 먹은 벙어리냐? 왜 대답을 못해?

: 허리띠를 졸라매다

배가 고플 때 허리띠를 졸라매면 배고픔이 조금 줄어드는 것처럼 느껴집니다. 옛날에 가난한 사람들은 허리띠를 졸라매고 일을 했다고 합니다. 특히 농촌에서는 보릿고개만 되면 너 나 할 것 없이 허리띠를 졸라매야 했지요.

오늘날 '허리띠를 졸라매다'는 말은 주로 '검소한 생활을 하다'는 뜻으로 쓰입니다. 마음먹은 일을 이루려고 단단한 각오로 일에 임한다는 뜻도 있습니다.

≫ 부모님은 집을 마련하기 위해 10년 동안 허리띠를 졸라매며 어렵게 살았다고 하셨다.

: 땅 짚고 헤엄치기

얕은 물에서 손으로 땅을 짚고 발장구를 치면서 엉금엉금 나아가는 것은 누구나 할 수 있는 쉬운 일입니다. 또 손으로 땅을 짚고 있어서 물에 가라앉을 일이 없으니 안전하기도 하지요.

이처럼 어떤 일이 매우 쉽거나, 그 일이 의심의 여지 없이 확실할 때 '땅 짚고 헤엄치기'라는 말을 씁니다.

≫ 미국에서 살다 온 레나에게 영어 말하기 시험은 땅 짚고 헤엄치기다.

: 식은 죽 먹기

땅 짚고 헤엄치는 일보다 더 쉬운 일이 '누워서 떡 먹기'입니다. 흔히 자신 있는 일 앞에서 "이까짓 거 누워서 떡 먹기지!"라고 하지요. 누워서 떡을 먹다가 체할 수도 있으니 조심해야 합니다. '누워서 떡 먹기'보다 더 쉬운 일을 말할 때는 '식은 죽 먹기'라고 합니다. 아무 문제도 없이 곧바로 해낼 수 있는 일을 뜻하지요.

≫ 수학을 잘하는 민서에게 이 정도 문제는 식은 죽 먹기다.